ACLARACIONES
SOBRE USOS MASÓNICOS

Solange Sudarskis

3

Deambulars masónicos

1 LOS TRÍPTICOS MASÓNICOS

El significado de la iniciación.

Masonería especulativa que fue declarada iniciática como en este extracto de la Revue *Points de vue initiatiques* n°0 de 1958: "La masonería es un orden iniciático universal y tradicional que permite a los hombres de buena voluntad participar en la mejora de la condición humana, tanto en nivel espiritual e intelectual y en el nivel del bienestar material", o en los principios de la Gran Logia de Francia (la Masonería es una orden iniciática tradicional y universal basada en la Fraternidad), es hoy, sin embargo, para el Gran Oriente, una institución esencialmente filantrópica, filosófica y progresista, su propósito es la búsqueda de la verdad, el estudio de la moral y la práctica de la solidaridad.

se añadió: "Concede una importancia fundamental al laicismo" (artículo 1 [de] su Constitución). En cuanto a la DH, su finalidad es "contribuir al desarrollo moral, intelectual y espiritual de sus miembros, promover la reflexión filosófica y social y realizar operaciones de ayuda, asistencia y solidaridad a través de asociaciones sin fines de lucro " (art 2 del reglamento general del DH).

Las definiciones contemporáneas propuestas por estos masones son éticas y cívicas , **ignorando a priori cualquier visión iniciática** . En efecto, ni una palabra sobre el aspecto iniciático de la masonería, esta sociedad que, para Mircea ÉLIADE , era la única beneficiaria de la contribución iniciática occidental.

Para los deberes antiguos se trataba de subir la escalera de las artes liberales como escalera iniciática que permitía conocerse a sí mismo y al mundo, la vida en realidad, para luego llegar a la cima de las artes para ver el rostro de Dios (conocimiento) luego vuelve a bajar para transmitir a sus Hermanos (la palabra Hermana aún no fue utilizada por falta de su presencia). Además de esta escala "liberal", otra era esencial: la de las virtudes cardinales y teologales que en todas las hipótesis ofrecen un retorno sobre uno mismo y sobre los demás.

Y , sin embargo, la etimología nos enseña que la palabra iniciación significa "entrada", "comienzo". El propio René Guénon distingue la "iniciación virtual" de la "iniciación real", explicando posteriormente que "entrar en el camino es la iniciación virtual", "y seguir el camino es la 'iniciación real'; Los ritos de iniciación representan los dos aspectos del proceso de iniciación masónico. Como su nombre indica, el conocimiento especulativo es conocimiento por reflexión mientras que el conocimiento iniciático efectivo es conocimiento directo, que produce la identificación del ser cognoscente y del sujeto conocido, que es exactamente lo que es la realización espiritual.

Uno es el comienzo, el otro, el camino y la meta.[1]
Toda mampostería conserva el primer aspecto; es el objetivo lo que los diferencia.

No es oponerse a ellos decir que la iniciación, como en la Tradición Primordial (sede del conocimiento metafísico), es el redescubrimiento de los principios del orden universal de los cuales proceden todas las cosas, el descubrimiento de una experiencia de carácter íntimo acompañada de "un perspectiva de desarrollo, experiencia físico-psicológica, despertar de la conciencia, inteligencia de lo real o de lo oculto, introducción a los misterios de la vida y de la muerte, descubrimiento de uno mismo y de los demás, avance en el camino, búsqueda de identidad y significado. No es, por tanto, ni un acto religioso *estricto sensu* , ni una metanarrativa política, ni un psicoanálisis. El proceso iniciático se desarrolla a nivel individual, social, intelectual, moral, psicológico y espiritual. La iniciación masónica presenta algunas características comunes a cualquier iniciación con sus propias especificidades y variantes vinculadas más a menudo a las perspectivas metafísicas, espirituales, culturales, filosóficas y/o psicosociales en las que el buscador sitúa su búsqueda [2]. Los elementos iniciáticos y

---

[1] *René Guénon y la iniciación masónica* : <tinyurl.com/initiarion-efectivo>.

[2] Bajo el nombre de Arte Real o Arte Sacro, los antiguos sacerdocios egipcios profesaban y practicaban todo un conjunto de doctrinas que sólo han llegado hasta nosotros a través de unos raros vestigios. Estas doctrinas, en su conjunto, abarcaban todas las relaciones entre el Hombre y la Naturaleza, y su práctica convertía al iniciado en Rey del Universo Material, de ahí el Arte Real. La iniciación no era una ciencia, porque no contenía reglas , principios científicos ni enseñanzas especiales. No era

místicos son casi idénticos, pero sus dinámicas son las de, en un caso, las de una *disciplina de interiorización* , en el otro de elevación mediante el esfuerzo de la investigación . *básico* . Así, las funciones discursivas quedarán de lado en favor de funciones intuitivas basadas en la percepción analógica o la visión anagógica.

Como su gran familia antropológica [3], la iniciación masónica es un acceso a una nueva etapa "superior", que se realiza por etapas, a través de ceremonias particulares, con referencia a un discurso, con un doble objetivo ***de socialización y simbolización*** . La iniciación masónica es , por tanto, al mismo tiempo una práctica, un desarrollo y un corpus, que pasa (varias veces y más o menos) por tres situaciones sucesivas:
El alimento que consistió en la extracción y separación de influencias anteriores, la deconstrucción; la formación que confía los elementos de la experiencia de los "conocedores", la experiencia del mito; la metamorfosis que proyecta al solicitante hacia una nueva percepción, la transmisión de los arcanos.

---

una religión ya que no tenía dogma, ni disciplina, ni ritual exclusivamente religioso sino que era una escuela donde se enseñaban las artes, las ciencias, la moral, la legislación, la filosofía y la filantropía, el culto y los fenómenos de la naturaleza, para que el iniciado sabe la verdad sobre todo.
[3]La estructura del universo en sus diferentes planos era conocida por los pueblos antediluvianos como las leyes de Manu (código secreto de la Atlántida) que influyeron en Pitágoras y Platón. Heródoto informa que surgió 11.340 antes de su nacimiento (unos 14.000 años antes de nuestro tiempo).

En cualquier caso, el viaje es siempre desde un estatus considerado inferior a un estatus considerado superior, desde el exterior (mundo profano, ambiente exotérico, consciente, "saber antiguo") hacia el interior (mundo sagrado, esoterismo, profundidad de la psique, nuevas enseñanzas), simbólicamente de la muerte a la vida. Además, si las obediencias pueden expresarse cuando lo consideran útil, si el masón como ciudadano (y sólo como tal) cree que puede "difundir al exterior" las "verdades aprendidas" en la logia, es muy difícil hacerlo. Iniciado para dar cuenta de su propia iniciación [4].

La tradición es la transmisión continua, más o menos ritualizada, de contenidos culturales a lo largo de la historia desde un hecho fundacional (real o mítico) o desde tiempos inmemoriales, que constituye un factor de identidad, cohesión y legitimación de una banda. Por tanto, la iniciación masónica es inherentemente tradicional. Sin embargo, los conceptos de tradición primordial, de *Sophia perennis* , conocimiento universal de origen no humano teorizado entre otros por René Guénon (1866-1951) o de tradicionalismo religioso que se legitima en una tradición revelada, se refieren a elecciones "ideológicas"; Sin embargo, varias corrientes masónicas se refieren a él explícitamente.
Si la noción de *orígenes* permite evocar una fuente, necesariamente *pura* , en relación con el flujo posterior de los azares humanos, surge la cuestión de la transmisión, de la tradición y de su evolución a través de la actualización misma.

---

[4] Yves Hivert Messeca, *Iniciación masónica entre tradición y modernidad* : <tinyurl.com/connais-toi-toi-meme >.

iniciación masónica

Tenga en cuenta que, cualquiera que sea el rito, la ceremonia de concesión de un título es al mismo tiempo una práctica, un desarrollo y un corpus , es decir, un proceso que aparece estructurado en tres fases que, normalmente, deben desarrollarse en diferentes salas. aunque esto casi nunca se hace por falta de disponibilidad de locales.

Así, salvo la singularidad de primer grado, estas fases, donde los ejes cronológico y topológico se desdibujan, son :

Fase 1 se encuentra en el espacio-tiempo de la logia del grado N del Masón donde se verifica las potencialidades de éste, dándole viático para continuar. El masón, inscrito como candidato, una vez aceptado se convierte en destinatario.
La transformación de las posibilidades espirituales de la simple potencialidad a la virtualidad debe actualizarse a través del trabajo iniciático para permitir la abolición de la distancia entre el sujeto y el objeto con miras a un avance hacia lo absoluto. Esta transmisión es un don/adquisición, se le da la luz que el masón pide; lo recibirá si: **tiene el potencial** ; lo hace virtualmente **una organización que ordena** y desarrolla en una logia, mediante un rito, los símbolos como lenguaje para una aurora de palabras ; Poco a poco va realizando **un trabajo personal** a través de la meditación y la analogía.[5]

---

[5] La analogía según Aristóteles es la semejanza que guía y produce significado. La similitud se percibe a pesar de la

La evolución dentro de las logias azules supone tres niveles sucesivos de significado. Ante todo hay que oír , es decir, ponerse en situación de escucha para registrar una palabra, recordar un acto, imprimir un escrito; es un estado del ser que requiere ejercicio, entrenamiento, disciplina. Entonces debemos comprender **para** integrar en nosotros lo que hemos recibido del exterior; lo que supone, esta vez, una hermenéutica, es decir un método de interpretación que permita traducir el depósito recibido en un acto de ser. Finalmente , debemos **transmitir** , es decir hacer comprensible, no sólo a nosotros mismos sino también a los demás, lo recibido porque no existe un testigo solitario, un testigo solitario. "La verdad comienza a las dos", escribe Nietzsche.

Quitarse la ropa o quitarse los metales es una metanoia [6] que se practica ampliamente durante las ceremonias masónicas durante esta fase. Despojarse de las herramientas de masón es **liberarse** de los soportes que permitieron la adquisición del grado de conocimiento que, si fuera verdaderamente adquirido, luego se integraría en el propio ser. Para poder acceder a un grado de orden superior, sería conveniente que este conocimiento del masón **volviera a dejar libre el camino** y así deshacerse de todo lo que ahora se ha vuelto externo al ser y que obstaculizaría este próximo paso. incluso si estas herramientas han sido necesarias hasta entonces.

---

diferencia, a pesar de la aparente contradicción; nos permite desplegar la visión de un mundo para liberarlo.

[6] En la antigua Grecia, metanoia significaba "dar a uno mismo un estándar de conducta diferente, supuestamente mejor".

Fase 2 Se ubica en el **espacio-tiempo del mito fundacional del grado N+1** . Se desarrolla a través de su narración al destinatario, y a través de las vivencias de los personajes del mito, durante juegos de rol alternativos que demuestran la enseñanza del grado. Esta epopía [7]transmite la leyenda del mito a través de la encarnación y las pruebas. El Templo sirve de punto de referencia pero también de otros lugares como el cruce del Jordán, el recinto del templo durante el asesinato de Hiram, el campo donde se llevó a cabo la búsqueda del cuerpo de Hiram, el puente que cruza el Starbuzanai,... En ese momento, Hay un fenómeno de asimilación a través de una identificación psicológica que se establece entre la persona que realiza el juego de roles y el arquetipo mítico.[8]

Se observará que en el Rito Filosófico francés, durante la ceremonia de elevación al tercer [grado] , se desenrolla una alfombra que muestra el espacio del Templo de Salomón. La narración del asesinato se refiere a la orientación del lugar mítico, el Templo de Salomón, y no a la de la lúgubre cámara de la logia.[9]

---

[7] Género literario del cuento fantástico para dar la representación teatral de mitos para la enseñanza de un secreto a partir de los juegos escénicos.

[8] Hablamos de interacción goffmaniana. Erving Goffman destacó el papel impulsor de la relación en el trabajo en la interacción. No son las estructuras las que determinan a los actores, ni los actores que generan las estructuras, sino una relación cognitiva que constituye el motor de un proceso de subjetivación y socialización. (Céline Bonicco, *Goffman y el orden de interacción: un ejemplo de sociología integral* : <tinyurl.com/Goffman-interaction>.

[9]Hiram, después de visitar las obras, dirigió sus pasos hacia la Puerta Este donde encontró al primero de los Compañeros.

La Fase 3 se sitúa en el espacio-tiempo de la logia en el grado N+1 , donde la transmisión de los arcanos del nuevo grado (las nuevas herramientas del camino iniciático) se delega al receptor para permitirle, a partir de estos arcanos, Trabajo personal a través de la meditación. El masón se ha convertido en un neófito en este nuevo grado. Esta fase incluye siempre un juramento solemne.

El simbolismo masónico permite a los masones expresar lo que piensan y lo que hacen. El simbolismo masónico es , por tanto, la representación colectiva codificada de los masones. Así, la iniciación masónica se despliega en una cultura específica definida como un sistema simbólico estructurado en torno y por el lenguaje (palabras, fórmulas, historias, gestos, sensaciones, discursos, canciones, conceptos, mitos, etc.) en el que cada símbolo/signo asume significado según una lógica de oposición/clasificación/reacción/completitud reducible la mayoría de las veces (pero no siempre) al binario (masculino/femenino, negro/blanco, bien/mal, Sol/luna, dos columnas B. y J.) o en ternario (triángulo/triangulación; sol/luna/venerable; sabiduría, fuerza, belleza;...). Por tanto, el pensamiento simbólico permite descubrir áreas inexploradas por el pensamiento dialéctico, al reunir los opuestos.[10]

Es habitual en el contexto de la iniciación proporcionar al iniciado una referencia simbólica tradicional que sólo se le puede ofrecer a él; Esto no debe ser definitivo, sino

---

Hiram buscó seguridad huyendo e intentó escapar por la Puerta Sur. El recorrido siempre termina al este de la cámara funeraria pero es al oeste, en la reproducción del Templo de Salomón que está colocada en el suelo en forma de alfombra.

[10]Yves Hivert- Messeca, *Iniciación masónica entre tradición y modernidad* :: < tinyurl.com/entre-initiation-et-modernite >.

más bien una invitación a recorrer el propio camino, cuya relevancia sólo se hará evidente más adelante.

"Es obvio que los **primeros tres grados de masonería simbolizan la vida del hombre** . El primer grado lo toma desde el pecho materno, y lo lleva hasta la adolescencia; el segundo grado lo representa en la edad de la fuerza; y finalmente, el tercero lo muestra en la vejez y lo conduce a la tumba, de donde parece, de alguna manera, surgir de sí mismo en la generación que le sucede [11].

Conservemos algunos vehículos de transmisión iniciática **: el simbolismo, el Ritual, la Mesa de la Logia, las pruebas, el papel fundador del Venerable, el papel de los maestros...**

---

[11] Prólogo al *Ritual de los tres primeros grados según los cuadernos antiguos, para el antiguo y aceptado Rito Escocés* , fechado en 5829, p.62: <tinyurl.com/Rituel-REAA>.

2 TRES PUNTOS, ESO ES TODO.

¿Por qué tres puntos?

En los arcanos espirituales, encontramos los tres puntos en la Cabalá donde se utilizan triangulados, reemplazando a veces el tetragrama (de las 4 letras, sólo conservan 3 primordiales, la letra he aparece dos veces, el targoum caldeo la traduce como tres yod, '''). En el alfabeto hebreo, el segol es la vocal "é" escrita con 3 puntos (א se pronuncia [ɛ], como *corta*). Esta estructura, que no es una letra, simboliza por su forma (un triángulo cuyo vértice apunta hacia abajo) el equilibrio perfecto del ser dentro de la armonía universal. El Segol invertido (un triángulo cuyo vértice apunta hacia arriba) se llama Segoltah, forma con el Segol el *Maghen David* , la estrella o escudo de David, símbolo del libre comercio entre nuestro mundo y los Mundos espirituales.[12]

---

[12]Éric Daniel El-Baze, *Las raíces de la existencia, La Cabalá del develamiento* , de p.55: < tinyurl.com/la-kabbale-du-devoilement >.

Para Reuchlin, los tres puntos deben estar relacionados con los tres sephiroth más elevados del Árbol de la vida, Kether, Jojmá y Binah. El misticismo masónico los identifica con el ternario Sabiduría, Fuerza, Belleza.

Sin embargo, Albert G. Mackey escribe en su *Encyclopedia of Freemasonry* ... **Los tres puntos no son un símbolo, sino simplemente una marca de abreviatura** . Por lo tanto, el intento de rastrearlo hasta las tres yods hebreas, un signo cabalístico del Tetragrámaton o cualquier otro símbolo antiguo, es inútil. **Es una abreviatura y nada más** ; aunque es probable que la idea fuera sugerida por la santidad del número tres como número masónico, y **estos tres puntos pudieran referirse a la posición de los tres oficiales de una logia francesa** .
Ragon dice que la marca fue utilizada por primera vez por el Gran Oriente de Francia en una circular fechada el 12 de agosto de 1774, que decía "G ∴ O ∴ de France".[13]
¿Porque no? Pero si son sólo una abreviatura, entonces hay una contradicción en los comentarios de Albert Mackey que supone también que se referirían a un significado subyacente y, por tanto, simbólico.
¡No hay forma de escapar del simbolismo en la masonería!

Los tres puntos dispuestos en un triángulo equilátero, o puntuación triple, se utilizan todavía hoy **para identificar una firma como la de un masón** , lo que ha valido que los masones sean llamados " **hermanos de tres puntos** ".

---

[13] Albert G. Mackey , *Una enciclopedia de la masonería libre y sus ciencias afines...* , p. 785: <tinyurl.com/mackey-tres-puntos >.

Los tres puntos provienen del compañerismo donde parecen haber simbolizado el triángulo. La Companion Union ha conservado el uso de los tres puntos en un triángulo, mientras que la Companion Federation utiliza los tres puntos colocados en ángulo recto. Finalmente, la Asociación de Trabajadores abandonó la triple puntuación por un solo punto después de cada inicial.

La forma de los tres puntos no siempre es triangular en las firmas de los masones, en particular observamos **tres puntos en una línea entre dos líneas** en 1760 (las dos líneas representarían las 2 columnas) [14]. Sin embargo, ya en 1701, en Brest, el alguacil René Le Corre firmó con tres puntos en una línea entre dos líneas [15].

En 1764, el [día 18] de la tercera [semana] de mayo, en el *Libro de Registros* de la respetable logia de la Concordia en el Oriente de Beaucaire, ya aparece la puntuación triple para abreviar palabras [16]. Pero la orientación de la forma triangular no es fija, la parte superior a veces se dirige hacia arriba y otras hacia abajo. Al mismo tiempo, en Italia sólo se utilizaron dos puntos para este fin [17]. **¡La forma no importa mientras haya puntos!**

Al mismo tiempo que se convirtió en uno de los elementos de la firma, este punto se fijó en forma

---

[14] De la página 283 de *La masonería en Francia desde los orígenes hasta 1815* por Gustave Bord: < tinyurl.com/Gustave-Bord >.

[15] André Kervella, *En los orígenes de la masonería francesa* , 1889-1750: <tinyurl.com/origines-FM-francaise>.

[16] Libro de registros de la respetable logia de la Concordia en el Oriente de Beaucaire, p. 5: <tinyurl.com/livre-des-registres>.

[17] Ibídem, pág. 39.

triangular, sin duda por razones simbólicas , probablemente procedente del delta luminoso (como vemos en la firma de Lafayette en el cuadro de la logia Les Trois Jours, 1832; nótese la abreviatura de la palabra logia en forma de rectángulo).

Esta figura fue introducida en los impresos a partir de 1775 (después de haber aparecido hacia 1771 y será generalizada a partir del siglo XIX) , **para marcar una abreviatura de ciertas palabras pertenecientes, ciertamente, al vocabulario profano pero que se utilizan de manera específica en la masonería.**

Es costumbre, en el intercambio escrito, utilizar, para palabras simbólicas, abreviaturas, escritas con letras mayúsculas y seguidas de tres puntos dispuestos en triángulo. Las iniciales deben reservarse para palabras simbólicas.

Para marcar el plural, duplicamos la letra inicial: Hermanos, Hermanas: FF ∴ , SS ∴ Así, los oficiales aparecen en los textos como: Vén ∴ (Venerable), Orat ∴ (Hablador), Secr ∴ (secretario), Surv ∴ (Supervisor), Gr ∴ Exp ∴ (Gran experto), M ∴ des Cér ∴ (Maestro de ceremonias), Très ∴ (Tesorero), Hosp ∴ (Hospiter), Couv ∴ (Techador). Como muestra de gran respeto hacia los dignatarios, triplicamos las primeras letras, ejemplo: Muy Poderoso Gran Comandante: TTT ∴ PPP ∴ GGG ∴ CCC ∴

Incluso encontramos la puntuación triple asociada a la abreviatura de la palabra Lodge (en forma de rectángulo), como en la tumba de Théodore Verhaegen.[18]

En el "Rito Moderno de Adopción" los tres puntos son sustituidos por cinco puntos [19].

---

18 *Homenaje fúnebre a Verhaegen* : <tinyurl.com/tombe-Theodore>.

[19] Edmond Mazet, *Notas sobre el alfabeto masónico* : <tinyurl.com/images-alphabet>.

Información sobre los usos masónicos

3 EL CIFRADO DEL ALFABETO MASÓNICO

Existe un cifrado cabalístico del alfabeto hebreo llamado *Aïq Bekar* que utiliza 9 cuartos con uno o dos puntos para diferenciar cada una de las 3 letras que se encuentran en cada porción (las letras están colocadas en orden de derecha a izquierda). Mencionado por Albert G. Mackey en su *Encyclopedia of Freemasonry...*, con la palabra "cifrar", este proceso está documentado por Spartakus FreeMann [20]. Este alfabeto habría inspirado el alfabeto masónico.

El alfabeto masónico es un alfabeto cifrado , que sustituye cada letra a escribir por la forma de una porción del cuadrado abierto de Saturno (3 x 3), o de una cruz de San Andrés en la que se encuentra. Este sistema recuerda a la numeración cisterciense. Es la forma geométrica en un espacio dedicado la que representa su valor.

Existen muchas variantes, documentadas entre otras, en *los sistemas de cifrado masónicos* de Philippe Langlet, ed. de La Cabaña.

---

[20] *El Aïq Bekar o Cábala de las Nueve Cámaras* de Spartakus FreeMann . < tinyurl.com/alphabet-des-neuf-chambres >.

Información sobre los usos masónicos

La fuente más probable parece ser el *Khatam Pharouq. o Sceau Rompu* publicado en 1745: "La escritura maçonne reúne con la misma sencillez la ventaja de ser una escritura universal apta para todo tipo de lenguas. Este maravilloso alfabeto consta de dos líneas perpendiculares paralelas, cortadas por dos líneas horizontales también paralelas, que forman un cuadrado regular en el medio, cuatro cuadrados abiertos y cuatro ángulos iguales. Todas estas divisiones forman nueve cajas, tanto abiertas como cerradas. Para completar el alfabeto utilizamos dos líneas que se cruzan en una cruz de San Andrés dando 4 casillas. Hay varios alfabetos masónicos que colocan las letras de manera diferente en las 13 casillas (1748, 1791, *inglés original, inglés mejorado, continental original, Estados Unidos* ....).

Por eso se le llama **alfabeto *pocilga*** . El término *pocilga* proviene de la forma de preparar los símbolos utilizados para sustituir las letras. De hecho, rastreamos recintos en los que se coloca el alfabeto. Luego simplemente copie el área correspondiente a la letra deseada. Así, para tomar ejemplos concretos del alfabeto masónico digital actual, las letras a y b se construyen a partir del cuadro truncado superior izquierdo en el que se encuentran. La letra "a" toma como clave el cuadro vacío; Siendo "b" la siguiente letra, ingresamos un punto en este mismo cuadro. La "c" será el siguiente cuadro, un cuadrado abierto hacia arriba, la "d"… Alternamos cuadro vacío y cuadro puntiagudo; la letra U tendrá la forma de la parte izquierda de la cruz de San Andrés, la V tendrá la forma... de una V.

En los escritos, **la abreviatura de la palabra aloja** es la letra L codificada en el llamado alfabeto francés de 1804 (en el que la ausencia de las letras j se sustituye por i ; k por c; v y w por u), representada por un cuadrado (o un rectángulo) con, o no, un punto en el medio. En plural, la palabra "loges" se escribe con 2 cuadrados entrelazados que encontramos en determinados alfileres.

A menudo, las letras M y B bordadas en los delantales de los maestros se reemplazan por su cifrado.

Reuniendo lo que está disperso, es decir las dos estructuras, obtenemos una figura que contiene todas las formas de las letras de nuestro alfabeto, así como nuestros números [que se han redondeado con el uso].

Combinar las letras con cuadrados mágicos -como el que usa el cuadrado mágico de Marte de 5x5 de Agripa)- para dar su posición ordinal en una oración con un alfabeto masónico -como el numérico- permite codificar un mensaje misterioso (sin espacio entre las letras).

Algunos alfabetos masónicos

Los jeroglíficos que cifran letras y números varían según los lugares, las épocas y los rangos.

Consulte el notable trabajo de investigación de Gustave Bord en su libro *La masonería en Francia desde los orígenes hasta 1815*, Volumen 1 [21].

---

[21] Gustave Bord, *La masonería en Francia desde los orígenes hasta 1815* : <tinyurl.com/formes-alphabets>.

Información sobre los usos masónicos

4 CALENDARIOS MASÓNICOS

Fijar una fecha es instalar una historia en un espacio, es encontrar un lugar para contarla, recordarla y regresar a ella para conmemorarla.

El 9 de agosto de 1564, mediante el Edicto del Rosellón, el rey Carlos IX impuso el 1 de enero ^{como} punto de partida obligatorio de cada año, una forma de uniformar y poner orden en su reino en medio de una guerra religiosa. En 1582 nació un nuevo calendario: el llamado calendario gregoriano, que lleva el nombre del Papa Gregorio XIII (papa de 1572 a 1582). Es este calendario el que todavía está vigente hoy. Pero Gran Bretaña y los países protestantes no adoptaron el calendario gregoriano (decretado en 1582) hasta 1752, prefiriendo, según el astrónomo Johannes Kepler, " *estar en desacuerdo con el Sol, antes que de acuerdo con el Papa* ".

1789, ¡revolución francesa y revolución en los calendarios! El 22 de septiembre de 1792 la Convención proclamó la República. Simbolizando una ruptura con el antiguo orden, el inicio de la nueva era se fijó para el 22 de septiembre de 1792, que se convirtió así en el 1er Año Vendémiaire I. Cada año comienza el día del equinoccio de otoño, momento en el que la duración del día es igual a la de la noche, que, según el año, puede corresponder al 22, 23 o 24 de septiembre, fecha que se fija por decreto. El año se divide en doce meses de treinta días, a su vez divididos en tres " décadi" de diez días (para eliminar cualquier referencia bíblica a la semana de siete días), seguidos de cinco días complementarios también llamados "sans-culottides". El año bisiesto se llama "franciade" y cada cuatro años se añade el día, el Día de la Revolución. ¡ Francia es la única que tiene este calendario! En 1805 se hizo necesario volver al antiguo sistema: Francia debía tener el mismo calendario que el resto de Europa. El 1 de enero ^{de} 1806 (11 Nivôse, año XIV) marca así el abandono del calendario revolucionario por el calendario gregoriano.

En la REAA, en los recuadros azules, obtenemos el valor del llamado año **luz verdadero** sumando 4000 años al calendario cristiano. Fue el reverendo Uscher, prelado anglicano del siglo XVI ^{quien} dio esta fecha . *Las Constituciones de Anderson repiten* aproximadamente esta datación. Es recomendable utilizar el calendario juliano comenzando el año el 1 de marzo ˈ por ser el mes de Aries, 1er ^{signo} del Zodíaco), para ello debemos desglosar los elementos de la fecha, ***no utilizamos ni los nombres. de los meses actuales, solo sus fechas*** .

Así, el 11 de febrero de 2022 era vulgar (*anno domini*) se convierte en el ^{día} 11 del ^{mes} 12 del año de la Luz Verdadera 6021; El 18 de abril de 2022 es el ^{día} 18 del segundo ^{mes} del año de Luz Verdadera 6022 (***anno lucis***).

De hecho, Anderson hace comenzar la era masónica, no hace 4000 años sino hace 4003 años. Esta es una línea de tiempo que se relaciona con la creación del mundo. Según esta cronología adoptada desde el siglo XVII, la creación del mundo habría tenido lugar en el año 4004 a. C. (según el obispo irlandés James Ussher en su obra *Cronología* fechada en 1611). Por lo tanto, Anderson hace coincidir simbólicamente el comienzo de la masonería con la creación del mundo no exclusivamente masónico. La fecha de " *anno lucis* ", que figura en todos los documentos masónicos, es sólo un mito filosófico, que simboliza la idea que conecta analógicamente la creación de la luz física en el universo con el nacimiento de la luz masónica o espiritual e intelectual en el candidato.

A lo largo de los siglos, hubo varias cronologías establecidas: 3761 años antes del nacimiento de Cristo por José Ben Halatt, 3952 años por Beda, 4000 años por Isaac Newton .

En términos generales, las logias francesa y alemana utilizan "en el año de la Luz Verdadera" o el *anno lucis* para rastrear simbólicamente el origen de la Masonería hasta la creación del mundo según la tradición bíblica. El uso de los meses hebreos ya no se utiliza hoy en día (excepto a veces en el rito escocés).

Este estilo no es aceptado en todas partes: los masones escoceses utilizan paralelamente, especialmente en los Grados Altos, al mismo tiempo que los meses hebreos, un calendario que utiliza la cronología judía, el **anno hebraico.** o el **año mundo** . Este calendario comienza a mediados de septiembre y debemos sumar al calendario gregoriano 3760 años hasta septiembre o 3761 años después.

El Rito Antiguo y Primitivo de Menfis Misraïm define el inicio del calendario en el año 1292 a.C., que corresponde al ascenso al trono de Ramsés II. También se basa en el antiguo calendario egipcio (también llamado

calendario nilótico) basado en las fluctuaciones anuales del Nilo y que tenía como objetivo principal la regulación del trabajo agrícola durante el año. Encontramos en este rito que el año comienza el 29 de agosto añadiendo 1291 - correspondiente a la coronación de Sethi1 - otros proponen 1294 año de la construcción del gran templo de Abydos y su Osireion. En el Rito de Misraim (oficial) comienza en el año 1356 a. C., fecha presunta del inicio del reinado del noveno faraón de la XVIII dinastía, bajo el nombre de Akenatón. El aniversario de la muerte de Osiris (muchos autores ven el origen del mito de Hiram en la muerte de este dios), se celebraba en el antiguo Egipto el día 17 del mes de Athyr (llamado así por la diosa Hathor).

En el grado de Real Arco, la fecha del punto de partida del calendario es la del inicio de la reconstrucción del Segundo Templo por Zorobabel, fecha fijada en el año 530 a.C. Este es el ***anno inventos*** . En el rango de *Maestro Real y Selecto* , el punto de partida es la fecha de la dedicación del Templo de Salomón, es decir, 1000 a.C.; Este es el ***anno depositionis*** . En las filas templarias contamos desde la fecha de creación de la Orden del Temple (1118 d.C.); es el ***anno ordinis*** .[22]

Existe una tradición masónica que sitúa precisamente el **día de la muerte de Hiram Abif** . Esta fecha es citada

---

[22]Fascinante aproximación a las *edades del mundo* de Jacob Perlman en la revista *Renacimiento tradicional* n° 195-196 de la página 260: <tinyurl.com/ages-du-monde>.
Consulta el *Vademécum Masónico, para los tres primeros grados del antiguo y aceptado Rito Escocés* , a partir de la página 65: <tinyurl.com/vade-mecum-maconnique> (*descarga el archivo para un acceso más cómodo*).

en los rituales de la Masonería Operativa anglosajona representada, hoy en día, por la orden masónica reconocida por la Gran Logia Unida de Inglaterra, *The Worshipful Society of Free Masons, Rough Masons, Wallers, Slaters, Paviors, Plaisterers and Bricklayers*, o *Los Operativos* . En el capítulo del *séptimo grado* , del libro *Guild Masonry in the Making* (resumen bastante amplio de los ritos y símbolos de este sistema operativo) de Charles H. Merz, podemos leer *1. La conmemoración de la fundación del templo del rey Salomón. celebrada en abril. 2. La Conmemoración de la Muerte de Hiram Abif, celebrada* **el 2 de octubre** . *3. La Conmemoración de la Dedicación del Templo, celebrada el 30 de octubre* (p. 112).

Lodges Azules Masón	Año Lucis 4000 + d.C. (Anno Domini, año en curso)	El calendario de la Masonería comienza con la creación del mundo y utiliza el término *Anno Lucis* (AL) – "En el Año de la Luz". Para llegar a esta fecha, añaden 4000 al tiempo común (AD), porque en la teología convencional se suponía que la Tierra había comenzado en el 4000 a.C.
Albañilería del Real Arco Capitalizar	Anno Invención 530 + d.C.	Los Masones del Real Arco datan del año en que Zorobabel alquiló el segundo templo. *Anno Inventionis* (AI), que significa "en el año del descubrimiento", terminología utilizada por los Capítulos. Esto añade 530 al tiempo común.
Maestros reales y selectos	Anno Depositionis	Los maestros reales y elegidos o albañiles crípticos datan del año en que se completó el templo de Salomón. Se llama e

Información sobre los usos masónicos

Masones crípticos	1000 + d.C.	*Anno Depositionis* (AD), que significa "en el año de la deposición " y añade 1000 al tiempo común.
Caballeros templarios Caballeros	Año Ordinis AD-1118	Los Templarios comienzan su cronología con la formación de la orden en el año 1118 *d.C. Anno Ordinis* (AO), que significa "en el año de la Orden". Esto deduce 1118 del tiempo común.
Rito ESCOCÉS antiguo y aceptado	Anno Mundi 3760+AD	Anno Mundi, o "Año del Mundo", es análogo al calendario judío (con un año adicional agregado después de septiembre). Anno Mundi (AM), que significa "en el año del mundo", añade 3760 al tiempo común.
Orden del Sumo Sacerdocio	Anno Benefacionis 1913+AD	Se dice que Abraham fue bendecido por Melquisedec en 1913 a.C. JC
Sagrado Real Arco Caballero Templario Sacerdotes	Año Renaciente AD-1686	Se dice que este orden fue restablecido en 1686 d.C.

5 PLURALES SINGULARES

En las **Tradiciones**, el plural juega un papel preponderante en el número de dones imprescindibles para realizar determinados rituales : 7 Los masones hacen una logia justa y perfecta. Diez hombres (*miniam*) dan fe de la suficiencia de un grupo de hombres de buenas costumbres para practicar determinadas oraciones, que representan un nivel suficiente de pureza. 36 justos es la mínima apertura de la humanidad a acoger al Mesías.

Hasta aproximadamente 1726, la regularidad de una Logia dependía tanto de una situación particular como de un quórum calificado. Así encontramos, a la pregunta "¿qué es una verdadera logia perfecta?", diferentes respuestas en los catecismos tradicionales de la época (*verdadera logia prefecta*): Los estatutos de 1670 de la logia de Aberdeen prescriben que las reuniones se realicen "en el medio de los campos", y que las recepciones de los aprendices tienen lugar "en el antiguo albergue de campo" en una parroquia rural de los alrededores (Miller, Notes *on the early story and records of the Aberdeen Lodge, 1 ter*); un día de caminata (viaje) desde una localidad, más allá (del alcance de) el ladrido de un perro o el canto de un gallo (*Manuscrito Edinburgh Register House* 1696); en la colina más alta o el valle más profundo del mundo, más allá (del alcance de) el canto de un gallo o el ladrido de un perro (*Manuscrito Sloane 1700*); en las montañas más altas o (en) los valles más profundos del mundo (*El gran misterio de los masones descubiertos en 1724*); el centro de un corazón verdadero (*Manuscrito Graham* 1726).

El quórum, por su parte, era el número requerido de masones de distintos grados masónicos. Las diferencias encontradas en las divulgaciones tienen en cuenta una época en la que todavía existían sólo dos grados, luego una graduación según el calificativo de la logia: **simple, formada o compuesta; justo, compuesto o gobernado; perfecto o justo y perfecto.** Más a menudo como en RER, RF, REAA:

- ¿A qué te refieres con una logia justa y perfecta? - Tres lo forman, cinco lo componen (o lo iluminan) y siete lo hacen justo y perfecto. Pero también encontramos: cualquier número impar del 3 al 13 (*Graham*); o 5 compañeros y 7 aprendices (*A Mason's Confession*).

El *Manuscrito de Edimburgo* , 1696, en el diálogo de encendido de los Fuegos o consagración de una Logia practicado por la REAA de la Orden del Real Secreto enseña: "El Gran Orador TIF: Para que una logia sea justa y perfecta, se necesitan siete Maestros, Cinco aprendices entraron, a un día de camino de un pueblo, donde no se oye ni el ladrido de un perro ni el canto de un gallo. PWGSC ¿No puede un número menor hacer que un albergue sea justo y perfecto? El Gran Orador del TIF: Sí, el Gran Comendador Soberano más Poderoso: entraron cinco Maestros Masones y tres Aprendices. PWGSC ¿Y menos aún? El gran orador del TIF :

¡Cuantos más haya, más felices seremos, cuantos menos invitados tengamos, mejor será la comida ![23]

Sin embargo, existen variaciones en los grados de cada uno de estos grupos: ¿en qué consisten? *Trinity College* (1711): tres maestros, dos becarios y tres aprendices (8 miembros) *Un examen de masones* (1723): un maestro, dos guardianes, cuatro becarios, cinco aprendices (12 miembros). *El Gran Misterio de los Masones Descubiertos* (1724): Cinco o siete Masones rectos y perfectos (5 o 7 miembros). *Graham MS* (1726): cualquier número impar del 3 al 13; se da la explicación : "a la referencia a la Santísima Trinidad, a la venida de Cristo con sus 12 apóstoles". *Willkinson MS* (1726): un maestro, dos supervisores, dos oficiales y dos aprendices (7 miembros). *Masonería Disecada* (1730) y aparición de un 3er Grado estructurado: Un maestro, dos supervisores, dos compañeros y dos aprendices (7 miembros). Se observará que con la aproximación de un 3er Grado desde 1724 el número de miembros para constituir una Logia Justa y Perfecta aumenta a 7 en la masonería inglesa. Informado en 1736 en *Ceremonias y costumbres religiosas de todos los pueblos del mundo* : siete personas, a saber, el maestro, dos inspectores, dos hermanos y dos aprendices, forman una logia [24].

La mampostería francesa utilizará los mismos ingredientes.

---

[23] El manuscrito de los archivos de Edimburgo, 1696, traducido y comentado por Edmond Mazet: <tinyurl.com/edimbourgmanuscript>.

[24] < tinyurl.com/parfaite-loge >.

Información sobre los usos masónicos

El secreto de los masones (1742), *El catecismo de los masones (1744)*, *La orden de los masones traicionada (1745)*, *El sello roto (1745)*, *La desolación de los modernos contratistas del templo de Jerusalén (1747))* , *El Nuevo Catecismo de los Masones (1747)* indica: El Gran Maestre, el primer y segundo Supervisor, dos Compañeros y dos Aprendices (7 miembros). Pero aquí tenemos la progresión 3,5,7 : Tres lo forman, cinco lo componen y siete lo perfeccionan. Lo mismo ocurre con *La preciosa colección de Masonería Adonhiramita* de 1786 (- ¿Cuáles son los tres Masones de la Logia simple ? - Un Venerable y dos Supervisores. - ¿Cuáles son los cinco de los justos? - Estos son los tres primeros y los dos Maestros. - Finalmente, ¿cuáles son los siete que hacen perfecta la Logia? (un Venerable, dos Guardianes, dos Maestros, un Compañero y un Aprendiz).

En el Rito Escocés Rectificado encontramos las mismas disposiciones. En el Rito Francés (1785-1786) que encontramos en *El Regulador del Masón* de 1801, así mismo en la REAA tenemos: - Tres lo dirigen, cinco lo iluminan, siete lo hacen justo y perfecto. -Explica esta respuesta. - Los Tres son el V\M\y los dos supervisores. Estos Oficiales con el Portavoz y el Secretario son las cinco Luces de la Logia. Pero al menos siete miembros de la Logia deben estar unidos para poder realizar un trabajo regular. En esta nueva progresión 3,5,7, los 5 que iluminan y dirigen la Logia son invariablemente Maestros, los otros dos miembros son por tanto 1 Aprendiz y 1 Compañero si seguimos la lógica de los primeros catecismos. En el *Manual de los Venerables de los 6 primeros grados* de la Ilustre Orden de Estrecha Observancia, p.104, se escribe: "9 hacerla perfecta cuando haya sido legalmente constituida por el Gran

Maestre Provincial y su Venerable haya sido debidamente instalado ".

En conclusión, si no hay Aprendices o Compañeros en las Columnas, la Logia no se puede abrir, aunque haya 7 Maestros. En cambio, si hay 5 Maestros, 1 Aprendiz y 1 Oficial se podrán abrir las Obras.

Recordaremos, en la definición de logia justa y perfecta, que es general el requisito de la presencia de siete (7) masones [25].

Sin embargo, si una cuota permite vestirse en una logia, el aislamiento por el que pasan los aspirantes es igualmente esencial en la masonería : sala de reflexión, venda de oscuridad y, sobre todo, silencio del aprendiz. La búsqueda se realiza tanto a través de meditaciones solitarias como a través del grupo iniciador. Las etapas de iniciación alternan períodos pertenecientes a la horizontalidad (en la búsqueda de conocimientos y encuentros) y períodos de verticalidad donde se producen las transformaciones que resultan en el conocimiento.

Somos conscientes de venir de otra parte y de ser perseguidos por esa otra parte que completa todas nuestras referencias. La iniciación, que es un esfuerzo hacia arriba, hacia el Sí mismo, hacia un cambio de estado, no se realiza para todos al mismo ritmo, sino que hará que la modificación interfiera con los demás miembros del grupo. Esto demuestra que el hombre nunca es un individuo, es el núcleo de un todo, el del pasado y el del presente. La cadena de unión, a través del

---

[25]pag. 21 , 47 , 77, 103, 134, 154, 160, 166: < tinyurl.com/harry-Carr-catechismes>.

tejido de brazos y manos, nos hace experimentar la acronía en el torrente de la reciprocidad de la presencia, unidos por un vínculo inefable. Cuando se rompe la cadena , ¿solo queda la soledad? En el camino iniciático o los 33 grados de sabiduría, Christian Jacq nos responde: "Estarás solo, pero no aislado como quien no sabe nada más que a sí mismo. Estarás solo frente al Principio. Solo, siendo habitado por la comunidad de hombres con quienes transitas el camino iniciático.

El simbolismo es el instrumento por excelencia de integración, de ruptura con el aislamiento. Sólo puede haber solidaridad entre individuos que comparten un sistema simbólico que hace posible un consenso sobre el significado del mundo. El simbolismo es interpretación tomando del pasado lo que otros ya habían sedimentado y embelleciéndolo con la especificidad de la intuición de quien lo completa. Esta búsqueda de lo que somos en el nivel más profundo del ser, el yo despojado del viejo hombre y renacido en Sí mismo, requiere de otros pero también de soledad; soledad que nos protege de todos los totalitarismos.

6 ¿GUJA O ESPADA?

En un tapiz del siglo XIV [de] Hennequin de Brujas, Jesucristo se aparece a San Juan en una visión tan extraordinaria que el apóstol se desmaya a sus pies. Cristo necesitará todas las armas divinas y humanas para liberar a los cristianos del yugo de la violencia, de la ignorancia y de la inclinación al pecado: de ahí la espada afilada que sostiene en la boca, símbolo del poder de la palabra divina. Está de frente, poderoso, sentado en un trono que lo muestra en su gloria eterna, con los siete candelabros al fondo como se menciona en el texto del Apocalipsis. " **No penséis que he venido a traer paz a la tierra: no he venido a traer paz, sino espada**". Este Cristo con la espada de doble filo simboliza la herramienta intelectual o espiritual que favorece el paso del estado "cerrado al abierto".

¿Espada o gladius? A veces encontramos la palabra espada, a veces la palabra espada como para Mathieu; 10.34 (se cree que fue escrito en hebreo antes que en griego) " No penséis que he venido a traer paz a la tierra: no he venido a traer paz, **sino espada** ". No penséis que he venido a traer paz a la tierra; no vine a traer la paz **pero la espada.** Esto significaría que estas dos palabras son sinónimas.

Sin embargo, si mantenemos como definición que **"espada"** es un arma ofensiva y defensiva compuesta por una hoja larga y afilada y un mango y que los guerreros llevaban al costado en una funda mientras que **"guja"** es una espada corta y afilada que el Usado por los romanos, ¡esta es definitivamente una espada!

Esta idea también la encontramos con Mañjuśrī, un famoso bodhisattva, considerado también una deidad tutelar del budismo. Se le representa, en general, con una espada (khadga) de fuego que simboliza la inteligencia en la mano derecha, y en la izquierda un libro/pergamino que representa la sabiduría trascendente. Se dice que con un golpe de su espada, Manjusri abrió el paso al río Baghmati, secando el valle y permitiendo el acceso al santuario de Katmandú.

la espada se ha convertido en un objeto honorífico como premio a la distinción; se ofrecía a gladiadores famosos cuando eran liberados.

El nombre de espada en lugar de espada encuentra su explicación en el rango de Caballero en esta conferencia: *Fuentes e historia del rango de Caballero Kadosh (Parte 1)* .[26]

Vemos que a partir de 1840, estadísticamente, en los 84 rituales del grado kadosh estudiados, el vocabulario utilizado en los rituales de este grado da preferencia a la palabra espada antes que a la palabra espada [27].

---

[26]**Vídeo**, Mesa redonda organizada por las Fuentes de investigación del Areópago, *Fuentes e historia del rango de Caballero Kadosh (parte 1)* : < tinyurl.com/chevalier-kadosh >.

[27]**Vídeo**, Mesa redonda organizada por el Areópago Fuentes de investigación, *Fuentes e historia del rango de Caballero Kadosh (parte 2)* : < tinyurl.com/stat-glaive-ou-epee >.

La espada simbólica no corta en el sentido de una división irreparable.

Hecho de hierro celestial, corta las imperfecciones, neutraliza las asociaciones mentales inarmónicas y te permite mantener la coherencia en el combate. Así, tomar control de él equivale a captar un rayo de luz, armonizar los rayos de luz dispersos, hacer crecer las potencialidades. Por tanto, el uso de la espada introduciría en la conciencia un eje de luz, una rectitud esencial para experimentar la iniciación. "La espada que hiere", dice Fulcanelli, "la espátula encargada de aplicar el bálsamo curativo , son en verdad un solo y mismo agente dotado del doble poder de matar y resucitar, de mortificar y regenerar, de destruir y organizar. Espátula, en griego, es *spatoula* , σπάτουλα; sin embargo, esta palabra es cercana a las palabras espada o espada (σπαθί), tomando su origen de *spao* (σπάω), arrancar, extirpar, romper.
Las primeras espadas eran cortas y gruesas con una hoja en forma de gladiolo, de ahí el nombre de guja. La espada sería el atributo del soldado (arma guerrera destructiva) pero también el del legislativo, de la Justicia (símbolo del poder positivo), la espada estaría reservada al caballero con el principal rito del doblamiento. Desde el reinado de Luis XV, todos los hermanos llevaban la espada en el lado izquierdo envainada . Simbolizaba entonces, en una logia, la igualdad social de los masones de la época, ya fueran nobles o plebeyos. Pero tan pronto como regresaron al mundo profano, esta igualdad, obviamente, cesó.

Hoy en día, se usa colectivamente en logias del Rito Escocés Rectificado. Fuera de su funda, con la punta baja en posición de reposo o de otro modo por orden del Venerable Maestro, es sostenido en la mano por todos los masones que trabajan en este rito. También con la mano izquierda el Venerable Maestro, cuando está sentado en Oriente, sostiene su espada apuntando hacia arriba.

Para otros ritos, sólo quedan del pasado dos cosas: una roseta al final del tahalí del maestro, un recuerdo de la entrada en la vaina y una espada a disposición de los canteros de las columnas cerca de su asiento. En los rituales posteriores a 1843, se la suele llamar espada.

La espada, sostenida por los integrantes , es al mismo tiempo:

~un arma cuyos ruidos metálicos, al chocar, simbolizan la lucha de los hombres por conquistar y triunfar sobre sus pasiones, -

~una transmisión de la energía benéfica de todos los miembros de la Logia al solicitante en el momento en que se quita la venda de los ojos durante su iniciación

~una advertencia del castigo que amenazaría con perjurio,

~un honor que se rinde a los dignatarios visitantes formando, para su paso, la bóveda de acero.

La espada siempre la sostiene el masón de la orden en la mano izquierda, excepto el techador y los expertos que la sostienen en la mano derecha.

La espada del techador es un instrumento que prohíbe el acceso al templo a los no iniciados; de este papel de guardián de un lugar sagrado, deriva su función de proteger el templo interior y exteriormente.

La espada del experto es el símbolo del respeto a los valores: es la guardiana del ritual y el actor en su ejecución. Es el arma moral y espiritual del masón recordándole sus deberes y obligaciones.

La espada de fuego , empuñada por el Venerable, situada en el Este sobre su tablero, domina las demás espadas. Está formada por una hoja puntiaguda de acero con dos filos, unida a un mango equipado con una guarda, esta espada de hoja sinusoidal representa el símbolo del poder iniciático del venerable. Se utiliza durante iniciaciones, pasajes o elevaciones.

La palabra traducida del hebreo, que describe la **hoja de la espada de fuego.** es el verbo " **girar, cambiar** ". Se trata, pues, de una espada que siempre gira, que se mueve, de ahí su carácter extravagante. En efecto, esta raíz hebrea también muestra que la espada arde porque es fuego mismo y porque refleja la luz solar. El doble filo de la espada tiene una doble función: la de llevar el fuego de la creación para dar vida al iniciado, y la de decidir entre varias elecciones posibles cuando se trata de la vida de la Logia.

Arma de Luz , la espada de fuego está relacionada con el relámpago, el relámpago. Esta arma de fuego simboliza la lucha por la conquista del Conocimiento atravesando la oscuridad de la ignorancia.

Es también la representación del Sol por el brillante rayo de su hoja ondulada ; entonces podemos hablar de una **espada de fuego** . Esta Luz es una conexión con los Grandes Misterios: a través del pensamiento ritual, mata, en el solicitante, la parte no iniciable para que nazca en él una nueva vida a través del acceso a la visión y al entendimiento, más allá de las apariencias.

La espada de fuego es la del querubín que dispensa vida y muerte, que barre el orgullo, que disuelve el ego. Ella guarda la puerta al otro mundo, la de la fuente de Luz. Para entrar a este mundo, debes atravesar el filo de esta espada. Con su espada flamígera, el Venerable muestra su función de guardián del símbolo, el de la regeneración del Hombre a través del trabajo de disolución del yo, del nacimiento de la luz en el dolor, ley inmutable y necesaria de las iniciaciones y pruebas.

Cuando el venerable coloca la espada de fuego sobre la cabeza del novicio, pronunciando las palabras rituales: "Yo te creo, constituyo y recibo masón", la luz entonces dispensada es una doble energía: fuego creador y protector que instala el nuevo misterio en el cosmos de la logia. Es en este momento cuando el receptor se convierte en neófito. Esto es en analogía con el relámpago de la creación del árbol Sephiroth.

La Espada Flamboyante está ahí precisamente para recordarnos que es la función y la palabra edictiva del venerable la que transmite, no un individuo cualquiera.

En el 7° grado de la REAA ya no hablamos de espada, sino **de sable.** y en los tres grados siguientes, **de puñal** . Por ejemplo, en el siglo X las espadas se convirtieron en dagas, recordando el nombre de la joya que se llevaba en estos grados: una daga de oro con una hoja de plata, suspendida en la parte inferior de la cuerda . En el 11°

^grado , la daga toma el nombre de "espada de la Justicia", completando las filas de la venganza.[28]

En los ritos caballerescos , durante toda la duración del atuendo, el manejo de la espada está sumamente codificado y en ningún caso debe ser desenvainada sin motivo; Aquí hay un ejemplo.

Manejo de la espada en la Orden del Temple[29]

Dado que el manejo de la espada debe ejecutarse como se muestra a continuación, este gesto está muy "militarizado". Realizado sincrónicamente por los hermanos, no hay duda, debe crear un cuerpo de unanimidad.

Dibujar

1-Agarra la funda con la mano izquierda. Al mismo tiempo, pasa rápidamente tu mano derecha por delante de tu pecho y toma la empuñadura de la espada. Extienda la hoja hasta que el antebrazo quede horizontal sobre el pecho, mientras sujeta firmemente la funda con la mano izquierda.

2- ¡Retira suavemente la espada hasta que la punta se libere de la funda, luego llévala rápidamente al "Presente"! Mientras lleva la mano izquierda hacia un lado.

---

[28]Ritual de la REAA de décimo grado – Ilustres Elegidos de los Quince:

< tinyurl.com/the-poignard >.

[29] El nombre completo de esta orden es: *Las Órdenes Religiosas, Militares y Masónicas Unidas del Temple y San Juan de Jerusalén, Palestina, Rodas y Malta* .

3- ¡Baja la espada al "Porter"! Cuando el Mariscal no tenga que desenvainar su espada y por lo tanto no podamos decidirnos por él, nos instalaremos en el Chev de la columna sur más cercana al este.

Presentar

Sostener la hoja vertical, el dorso de la mano hacia adelante, el codo al cuerpo, la empuñadura cruciforme de la espada a la altura de la boca, aproximadamente a 3 centímetros. No es apropiado besar la empuñadura ni tocarla con los labios cuando estás en esta posición.

Llevar

Mantener el antebrazo horizontal, la mano a la altura del codo, el codo pegado al cuerpo, la hoja vertical, la cruz de la guarda apoyada en el hueco situado entre el pulgar y el primer nudillo del dedo índice (puede dejar el meñique de la mano derecha detrás de la empuñadura de la espada).

Descansar

1. Mueva el pie izquierdo aproximadamente 30 centímetros hacia la izquierda.
2. Dejar caer la espada sobre el hombro, a medio camino entre el cuello y el final del hombro derecho, aflojando ligeramente los dedos.

Vaina

1. ¡Trae la espada al "Presente"!
2. Sujete, con los últimos tres dedos de la mano izquierda, la vaina por debajo de la abertura, dejando libres el pulgar y el índice. Desliza la punta de la espada en la abertura de la vaina, guiándola con el pulgar y el índice de la mano izquierda (no sigas con la vista, el movimiento es mucho más fácil de realizar sin mirar).

Baje la espada dentro de la funda hasta que el antebrazo derecho quede horizontal sobre el pecho.

3. Desliza rápidamente la espada en la vaina, si es posible en sincronía con los otros caballeros, luego lleva las manos a los lados.

A la orden

"¡Caballeros, hermanos míos!"

1. Todos se levantan y se paran erguidos o se enderezan si ya están de pie.

"¡A la orden!"

2. Lleva la espada a la posición 1 de "Draw" y mira al Camp Marshal o Knight más cercano al lado este, sur.

3. Saca la espada y ven al "Presente".

4. Baje la espada al "Porter".

Tomar lugar

"¡Caballeros, hermanos míos!"

Mira al Mariscal del Campamento o al Caballero más cercano al este, en el *lado sur*.

"¡Tener lugar!"

1. *Posición de la funda 1.*

2.Posición de la funda *2.*

3.Posición de la funda *3.*

4. *Siéntate.*

Comprometer

"¡Comprometer!" (a partir de "Porter")

1. Lleva la espada al "Presente".
2. Levantar el brazo derecho en máxima extensión, 45 ° frente a usted, la espada en la extensión del brazo, y enganchar la hoja con la del Caballero cara a cara, borde con borde.

" ¡ Llevar!" (a partir de "Participar")

1. Lleva la espada al "Presente".
2. Baja la espada al "Porter".

Devolver

"¡Devuélveme tus espadas!" (a partir de "Porter").

1. Incline la hoja hacia la izquierda hasta que esté horizontal, agarre la hoja por el medio con la mano izquierda.
2. Continúe girando la hoja hasta que esté vertical, alineada con la mitad del cuerpo, con el protector hacia arriba. Deja caer tu mano derecha a tu lado.
3. Inclina la cabeza hacia adelante, manteniendo los ojos enfocados en la empuñadura de la espada.

"¡Lleven sus espadas!" (a partir de "Regreso")

1. Levanta la cabeza.
2. Gira la espada hacia la derecha, hasta que quede horizontal; luego toma la empuñadura con la mano derecha.

3. Lleva la espada hacia el "Porter" y luego deja que la mano izquierda caiga hacia un lado.

Entregando la espada

Cuando la espada se presenta a un caballero de rango superior (por ejemplo, por el Mariscal de Camp al Eminente Preceptor o por un oficial al Eminente Preceptor durante la investidura), se presenta en el antebrazo izquierdo, con el mango vuelto hacia el mayor. oficial.

Cuando la espada es devuelta a un caballero de rango inferior (por ejemplo, por el Eminente Preceptor al Mariscal de Campamento o a un oficial durante su investidura), la espada se sostiene verticalmente, por la empuñadura, entre el pulgar y el índice del mano derecha, luego se coloca en la mano derecha del caballero.

La cuestión de la relación entre la espada y la prohibición del hierro la encontraréis en el folleto *SOBRE las decoraciones masónicas,* en el capítulo *Dejar metales en la puerta del templo.*

Información sobre los usos masónicos

7 ¡VA A SER GENIAL!

El tocado, como su nombre indica, es un adorno para la cabeza al que las tradiciones dan significado.

En Oriente, en términos generales, alguna vez se consideró que el peinado simbolizaba el honor y la dignidad de quien lo llevaba; lo juramos de buena gana; dañarlo se consideraba un insulto especialmente grave. La cabeza es el resumen del cuerpo. Lo que se coloca en la cabeza, el tocado, tiene valor de realización y debe estar en concordancia por naturaleza con la persona que lo porta, por lo tanto depende del estado de conciencia alcanzado.

Recordemos, por ejemplo, que los dioses egipcios tenían la cabeza cubierta con un símbolo, que los sacerdotes griegos se coronaban cuando ofrecían un sacrificio, que Nicolás Flamel llevaba una gorra y que, de hecho, todos los alquimistas representados en la Edad Media LLEVABA un sombrero de varias formas.

Si nos remitimos a la Biblia , el sumo sacerdote llevaba un velo en la cabeza. No fue hasta alrededor del siglo II d.C. que el uso de sombreros comenzó a extenderse a todos los judíos luego de una discusión talmúdica sobre el respeto y el temor a Dios.

Cuando se adoptó esta costumbre en la Edad Media, se consideraba que todos eran parecidos al sumo sacerdote y , al mismo tiempo, se afirmaba que el sombrero recordaba que siempre hay algo entre el hombre y Dios. El Talmud enseña que usar una kipá (o tener la cabeza cubierta) tiene como objetivo servir como recordatorio de que Dios es la Autoridad Suprema por encima de todo. La palabra yiddish para tocado, *yarmulke* , proviene del arameo *yira malka* que significa "miedo al rey". En hebreo, el velo se llama kipá, que literalmente significa "cúpula".

El sombrero es también el sustituto de la corona , símbolo de la realeza, tanto temporal como espiritual. El hombre que lleva una corona puede ser entonces considerado como aquel que une la tierra al cielo, y recíprocamente conduce el influjo proveniente del cielo hacia la tierra. En este sentido el hombre que lleva el sombrero es un hombre de pie, un *axis mundi* , con la mente y la mirada extendidas hacia el cielo. "Te corono por encima de ti mismo" le dijo Virgilio a Dante antes de dejarlo. Así coronado, se une a Béatrice, que lo lleva al paraíso.

Un masón francés de la época del Chevalier Ramsay está representado con un sombrero **tricornio** .[30]

Napoleón sólo usará un bicornio hecho de fieltro de castor, la mayoría de las veces en la batalla.[31]

---

[30]Revista *Puntos de Vista Iniciáticos* n° 31-32, p 73.

Símbolo del uniforme completo del politécnico, el uso del **sombrero de tres picos** está sujeto a la normativa: "el sombrero deja al descubierto la parte izquierda de la frente, toca la oreja derecha y divide la ceja derecha en proporciones medias y extremas". En definitiva , ¡una forma de inscribir la divina proporción en tu frente!

El Regulador de Masones de 1802 menciona para el Grado de Maestro: "Le F .·. El Preparador se encargará de que el sombrero y la espada del Aspirante se entreguen al T .· .R.·." (p.8) "Todos los Hermanos estarán vestidos de negro con sus sombreros en la cabeza y calados". En este Ritual, le devolvemos al nuevo Maestro su espada, luego su sombrero, agregando " a partir de ahora estarás cubierto en la Logia del Maestro, esta costumbre muy antigua anuncia libertad y superioridad" (p.26).[32]

Hoy en día, en ciertos ritos, los maestros deben llevar un velo (sombrero, gorra). En el Rito Operativo de Salomón (ROS), al ascender a la Maestría, el Experto viste al nuevo Maestro con las *condecoraciones del grado* : el delantal, el pañuelo y el **velo** .
El ritual de la REAA de tercer grado de la GLDF precisa que "en la Cámara Media todos los Maestros llevan su sombrero"

---

[31] Esto no se refiere a la batalla, sino al sombrero que se usa con los cuernos (puntas) paralelos a los hombros. Todos sus sombreros fueron hechos por el fabricante de sombreros Poupard: <tinyurl.com/bicorne-de-bonaparte>.

[32] *El Regulador del albañil, 3° grado* , 1802: <tinyurl.com/Regulateur-du-macon >.

En el RER, si el rito se respeta de forma muy tradicional, todos los maestros de la logia deberían estar cubiertos. "Que sea en vuestra frente el símbolo del espíritu de justicia, templanza y prudencia que debe acompañar a los maestros en todos sus esfuerzos. A partir de ahora podrás cubrirte siempre con él en la logia, para así anunciar la superioridad que te confiere este rango sobre aprendices y compañeros. Cuando hablan, los hermanos, excepto el Venerable y los Supervisores, se descubren y si el venerable se quita el sombrero para recibir a un hermano, todos los presentes deben hacer lo mismo. Desde el siglo XVIII, su sombrero es un tricornio negro bordeado con una trenza dorada cuya gorra redonda es un símbolo del cielo (los cuáqueros de Ámsterdam en el siglo XVIII llevaban unos similares).[33].

En el Rite Groussier francés, llevar sombrero ha caído en desuso. Es la misma REAA, aunque en el 1er grado del escocismo el Venerable está cubierto sólo en la apertura y en el cierre de las obras. En el Rito de Emulación está prohibido llevar sombrero, aunque ciertos documentos ingleses antiguos indican que el El maestro de la logia tenía que estar cubierto, indicando su papel y estatus, como la corona del rey Salomón. RY. Si se observa tradicionalmente , el Venerable Maestro usa un sombrero de copa o "clack".
En el siglo XIX ˈ las hermanas masones adoptadas rara vez llevaban sombrero. También hay que decir que su peinado muy elaborado parecía fascinante.[34]

---

33 *Ceremonias y costumbres religiosas de todos los pueblos del mundo,* p.202: < tinyurl.com/coutumes-du-monde>.
34 Pintura gouache (principios del siglo XIX): <tinyurl.com/chapeau-feminin >.

En el siglo XX ' los camerinos parisinos con una fuerte presencia femenina eran en ocasiones lugares de exposición de creaciones excéntricas de sombrereros. Hoy han adoptado, de forma más sobria, la gorra, con el mismo uso y el mismo simbolismo que el sombrero de los hermanos.

Podemos entender que el sombrero, como símbolo de los límites del hombre -como el "conócete a ti mismo"- le muestra su capacidad de humildad ante el misterio.

Información sobre los usos masónicos

8 LA CADENA DE UNIÓN, UNA ESTASIS FRATERNAL

En la mayoría de los ritos, al final de cada atuendo, los hermanos (y hermanas) forman una cadena tomándose de las manos sin guantes; esta cadena se extiende a toda la humanidad. La Cadena de Unión simboliza especialmente la fraternidad que une al masón, por un lado, con todos los masones vivos y, por otro, con todos los que le precedieron y con todos los que le sucederán. Cabe señalar que la ilimitada Cadena de Unión hacia el futuro parece no tener, en el pasado, otra delimitación que el punto que correspondería al origen mismo de la especie humana. Coloca a cada participante en la continuidad de la Tradición.

Un poco de recuerdos historicos

La primera descripción masónica de la cadena de unión parece aparecer en 1696 en estas líneas del *Manuscrito de Edimburgo* que alude a la transmisión de palabras secretas: Luego todos los masones presentes susurran entre sí la palabra, empezando por el más joven, hasta llegar a el maestro albañil, que da la palabra al aprendiz ingresado.

En la logia, encontramos en el ritual de la Logia Escocesa de Burdeos (1750), la Cadena de Unión al final del trabajo en el rango de Maestro Electo Perfecto, o Gran Escocés (décimo y último grado) y luego al final de el primer grado del ritual de la Logia Madre Escocesa de Aviñón de 1774.

La Cadena de Unión apareció en 1766 en el rito adhoniramita al final del trabajo de mesa.

En el RER aparece la Cadena de Unión, tal como se practica hoy en la clausura de las Obras de 1er grado [según] el ritual adoptado en 1782 en Wilhelmsbad: los hermanos forman la cadena, con los brazos cruzados, alrededor del tablero de la Logia. Primero el Venerable pasa el mensaje anual del año anterior, luego el del año en curso y luego dice una oración antes de romper la cadena y completar el cierre de la obra.

Dans le rituel de 1785, adopté par le GODF (à l'origine du *Régulateur*), la circulation du baiser était systématique à la clôture des banquets qui suivaient toujours les tenues: le Vénérable le donne à son voisin de droite, et il lui revient a la izquierda. Sin embargo, se formó una cadena durante la séptima y última salud, durante la Canción del Aprendiz Entrado. Lo mismo ocurrió en *La orden de los masones traicionados* (1745) o en *Los tres golpes distintos* (1760).

" En el GODF, todos los masones que, tras una verificación general, eran reconocidos como regulares, recibían la comunicación, desde 1777, de una doble palabra de reconocimiento, renovada cada seis meses. Esta medida sigue siendo particular de la masonería francesa, ya que el uso de palabras semestrales no se ha extendido [35]al extranjero, donde el "embaldosado" continúa realizándose en toda su escala anterior .

En el ritual Amable de 1887 se realizará una corta Cadena de Unión para la transmisión de las palabras del semestre.

Las Palabras Semestrales, específicas de cada obediencia, son comunicadas dos veces al año, a veces sólo una vez, durante una Cadena de Unión por el Venerable a los miembros de la Logia. Estas son dos palabras que se utilizan para reconocer a los masones activos. Sus conocimientos permiten comprobar la asiduidad masónica de quienes se presentan a la entrada de una logia que visitan. La lista de las diferentes palabras semestrales es comunicada a los Techadores de las diferentes logias de obediencias "amistosas", cuyo desconocimiento y no comunicación por parte de un visitante desconocido podría resultar para el Taller una intrusión prohibida.

Según Jules Boucher, está prohibido escribirlos y comunicarlos a quien los haya olvidado; sólo el Venerable puede transmitirlos.

La transmisión de las dos palabras semestrales, generalmente el nombre de un personaje vinculado a la

---

[35]Oswald Wirth, *El libro del aprendiz* en el capítulo El Gran Oriente de Francia: <academia.edu/28791571/>.

Masonería y una cualidad virtuosa que comienza con la misma inicial, se hace en un susurro ; la primera palabra circula por el lado Sur, la segunda, por el lado Norte. Durante una Cadena de Unión, el Venerable transmite una palabra a su derecha al 1º ^{Supervisor} lo más discretamente posible. Quien lo recibe a su vez lo transmite al que tiene vinculado a su derecha. La palabra circula así hasta regresar al Venerable. Éste al mismo tiempo transmite a su izquierda al Segundo Supervisor la segunda palabra que circula en sentido contrario para regresar al Venerable, quien le anuncia que las palabras han regresado "justas y perfectas". Cuántas transformaciones nos hicieron sonreír estas palabras cuando volvieron al oído del Venerable; la incomprensión y la ignorancia (del vínculo que no puede reconocer lo que oye) propagan aproximaciones acumulativas de palabras y ¡qué decir del ROPM que comunica palabras semestrales, además del francés, a veces en hebreo, a veces nombres de faraones!

En la REAA, en 1923, se realizó una Cadena de Unión para recibir al destinatario del primer grado, y se integrará, con carácter optativo, al finalizar los trabajos en 1962 con la siguiente aclaración: salimos de la cadena "después de haber estrechado los brazos tres veces.

Cada albañil presente constituye un vínculo . La unión generalmente está representada por cinco símbolos: la cadena, el nudo, las manos entrelazadas y el anillo.

En una cadena corta, los masones cruzan los brazos delante de ellos y toman la mano izquierda en supinación de su vecino izquierdo (para recibir) con su mano derecha en pronación (para devolver lo recibido). Lo ideal es practicarlo con brazos y piernas separados, pies en contacto; Cada masón es entonces una estrella pentagonal conectada a las demás, formando todas una constelación. Estas estrellas cobran vida cuando los brazos se levantan tres veces para pedir : "¡ *Dejemos esta cadena!* » En una cadena larga, tomamos la mano derecha del vecino de la izquierda en la mano izquierda. De esta forma, la cadena de unión está ausente en el Rito de Estilo de Emulación Inglés.

Tomarse de la mano no es suficiente para fluidificar la energía que debe fluir y atravesar a todos en el círculo cerrado. Lo recibido debe ser devuelto al nudo de las manos, recordando los de los lagos de amor del Mechón Dentado que constituyen el símbolo. "La mano yod que da, la mano kaph que recibe [36]".

En magia, como en magnetoterapia, la mano izquierda aspira la energía (supinando el antebrazo, con la palma vuelta hacia usted), se supone que debe recibirla; mientras que la mano derecha lo dispensa devolviendo el regalo (en pronación, la palma de la mano alejada del rostro). Cada individuo siempre puede recargarse según su propio ritmo, siempre y cuando sepa conectarse a una fuente, ya sea dentro de sí mismo o fuera de su cuerpo físico. En la Cadena de Unión, el albañil es como una batería con sus polaridades. El círculo cerrado – con los masones colocados en serie entre sus hermanas y hermanos – crea un campo magnético en el centro de la logia donde cada uno equilibra su energía con la de todos los participantes sintonizándose, no con un gesto, *sino*

---

[36]Frank Lalou: <tinyurl.com/la-chair-des-lettres>.

con *este* gesto, este gesto hecho de esta manera, con este ardor, este deseo, esta solicitud... este respeto. El movimiento de los brazos permite, al final de la cadena, cortar suavemente este flujo que, demasiado rápido, podría desprender una descarga electromagnética.

Al hacerlo, el círculo así formado por los miembros puede simbolizar la hermandad universal de los masones en la que cada iniciado es un eslabón de la cadena; esta multiplicación de anillos puede simbolizar "la preservación de la unidad a través de la multiplicidad". Es la inscripción del masón en el "Gran Tiempo", el de los vivos, los muertos y los aún no nacidos. Este tiempo cósmico también está simbolizado por la cuerda. La cadena de unión simboliza a nivel microsmico y humano lo que el cordón con sus lagos de amor (la borla dentada) simboliza a nivel macrocósmico, el orden y la armonía universal [37].

Para Bruno Étienne, "la fusión entre todos los seres los hace participar de la totalidad de la energía reuniendo lo micro y lo macro" (*Un camino para Occidente: la masonería por venir* , Dervy, 2012). Es un cambio de estado del ser, que puede durar unos segundos, donde nos sentimos muy bien. En el momento en que esto sucede, no hay más tiempo, sólo verdadera alegría. Ya no hay un exterior ni un interior. **Ya no hay yo, sólo un Yo vibrante, luminoso, sin gravedad ni duración, un puro Ser fraterno en éxtasis/ensasía.**

---

[37] René Guénon: <tinyurl.com/symbole-science-sacree>.

Según estudios científicos, el corazón humano genera el campo magnético más fuerte del cuerpo, pero datos transmitidos por satélites han podido demostrar que el campo magnético de la Tierra se modifica con los cambios emocionales que experimenta su población. Por analogía, encontramos una idea interesante al leer el libro del fallecido astrofísico Hubert Reeves: " *Paciencia en el Azure* ". Recordaremos de su capítulo sobre las energías que la masa de los cuerpos estudiados, cualesquiera que sean sus dimensiones, tomadas aisladamente, pesa más que la masa de esos mismos cuerpos conectados en una estructura común. Por ejemplo, la suma de las masas de un electrón y un protón es mayor que la de un átomo de hidrógeno que constituyen al combinarse. La diferencia de peso se debe a la emisión de un fotón ultravioleta, liberado cuando se forma un átomo. Asimismo, un protón y un neutrón pesan más por separado que combinados en un núcleo de deuterón. Al combinarse, las dos partículas liberan energía en forma de rayo gamma. Llamamos fuerza a lo que permite a los elementos unirse en cuerpos constituidos: fuerza electromagnética para los átomos, fuerza nuclear para los núcleos, quarkiana para los nucleones, gravitacional para las estrellas: *Que la fuerza sustente nuestro trabajo*. La fuerza del ritual maç combina nuestros espíritus individuales para formar el egregore que se siente particularmente durante la cadena de unión. Entonces, hagamos una hipótesis: mientras se forma, el egregor libera energía que se manifiesta en otros lugares. Cuando nos convertimos en piedras del templo, las transmutaciones del 2 producen el 3-que-es-uno y liberan energía. Así, la "egregorización" libera un quién-no-sabe-qué energético que es muy difícil de caracterizar con precisión. Pero este quién sabe qué, en el otro lugar donde se proyecta, es un resplandor cuya influencia podría ser la exhalación de nuestras ceremonias rituales fraternales, protegidas por la sabiduría y la belleza, la alegría, la paz, la armonía y el amor, yendo a entregar sus fuerzas en una batalla de energías del bien contra las del mal.

Algunas aproximaciones a la noción de egregore

Según la etimología griega: " *egregorein / egregoros* " velar/vigilante egregore tiene dos significados. **Es por un lado el nombre de los ángeles presentes en el Monte Hermón que se unieron a las hijas de Set, en las leyendas judías, por otro lado un concepto esotérico cuya definición aproximada es la de un "ser colectivo".**

En las Doctrinas Esotéricas, los síntomas misteriosos vinculados a las entidades psíquicas que se encuentran en los Grupos han sido asociados en gran medida con la antigua idea oculta de un Egregor, y con Manifestaciones Egregóricas.

La palabra aparece por primera vez en el libro etíope y hebreo de Enoc, allí designa una categoría de ángel. Según este libro: la *Égrègora* , despertadora, despertadora, vigilante son un orden angelical particular. La tradición dice que algunos de ellos se rebelaron contra Dios, luego, unánimes, bajaron a la tierra y sedujeron a las hijas de los hombres, enseñándoles muchas cosas, desde la metalurgia hasta la astronomía y la astrología, ciencias ligadas a las leyes naturales, y no a la Ley Divina.

Luego será Eliphas Levi quien utilizará el término en su libro *Dogme et ritual de la haute-magique* , y le dará una etimología latina en lugar de griega, lo que provocará confusión en su definición (*Eliphas Levi utiliza "egregore" para egregore* La palabra "eggregore" está compuesta de las dos palabras latinas *Eggregius* y *gregorius* , significa una excelencia eminente y colectiva. Los Eggregore, según el significado mismo de su nombre, serían, para él, compuestos de varios poderes unidos) . René Guénon el crítico considerando que le dio una etimología latina improbable, haciéndola derivar de grex, rebaño", mientras que esta palabra es puramente griega y nunca ha significado otra cosa que "vigilante" (Fred Mc Parthy, *What is or not is an egregore* : <omra -fm.fr/ce-quest-ou-nest-pas-un-egregore/>).

Los discípulos de Martinès de Pasqually designaron con el nombre de "egregore" al Colectivo invisible de la Orden, y en general a cualquier principio de manifestación oculta.

Según Robert Ambelain, el nombre egregore se da a una fuerza generada por una poderosa corriente espiritual y luego alimentada a intervalos regulares, según un ritmo en armonía con la Vida universal del Cosmos, o a un encuentro de entidades unidas por un carácter. común. En lo invisible, fuera de la percepción física del hombre, existen seres artificiales, generados por la devoción, el entusiasmo e incluso el fanatismo, a los que llamamos egregores.

Daniel Ligou, en su *Diccionario universal de la masonería,* definió egregore de la siguiente manera: "término utilizado por los simbolistas para designar la fuerza de cohesión en un grupo humano; en la Masonería, una Logia.

Es al médico Pierre Mabille, compañero de viaje del surrealismo, a quien debemos otra definición del término egregore en su obra *Egrégores ou la vie des civilisations* , publicada en 1938: "Llamo egregore, palabra antiguamente utilizada por los herméticos, el Grupo humano dotado de una personalidad distinta a la de los individuos que lo forman. Aunque los estudios sobre este tema siempre han sido confusos o mantenidos en secreto, creo que es posible conocer las circunstancias necesarias para su formación. Indico inmediatamente que la condición esencial, aunque insuficiente, reside en un fuerte shock emocional. Para usar vocabulario químico, digo que la síntesis requiere una acción energética intensa. El egregore es una entidad viva, un concepto vitalizado, una entidad real, que para ser viable debe ser alimentada regularmente por los miembros del grupo manteniendo todos la misma energía vibratoria. El egregore tiene un componente tanto psíquico como energético. Es una energía que contiene todas las vibraciones de las personas que la crean, la dan vida... La concentración de las personas reunidas para un mismo objetivo, con los mismos pensamientos intensos crea un egregore que se constituye, se desarrolla, se amplifica y se vuelve. activo. Un egregore puede percibirse como la resonancia vibratoria emitida por la psique de un grupo de personas que vibran en una nota específica. Las acciones, emociones, pensamientos e ideales de cada entidad que constituye este grupo se fusionan para construir un todo coherente, una forma cuyos componentes son de naturaleza energética. La noción de egregore se acerca a la de inconsciente colectivo, conciencia colectiva, campo morfogenético o campo de conciencia que opera entre ellos.

Podría ocurrir que cuando varias personas se unen en torno a una idea, o a un principio, den a luz un ser colectivo inteligente, que posteriormente se independizará y llevará vida propia. Sería entonces la suma de las energías psíquicas emitidas por cada uno de los miembros que participaron en su surgimiento, o incluso en su multiplicación. Todos estos movimientos vibratorios podrían ejercer, a cambio, en virtud del principio de acción-reacción, una poderosa influencia sobre los componentes del grupo, que puede ser muy diferente de la psique de cada individuo. El total no sería la suma de los miembros que lo componen....

Carl Gustav Jung, con su trabajo sobre los símbolos, los mitos, el inconsciente y la psicología profunda, llegó a la noción de un inconsciente colectivo. Una especie de herencia cultural de nuestros antepasados, una especie de resumen de las experiencias internas de los Humanos.

Sin embargo, un egregore puede verse perturbado por el pensamiento negativo de personas que no están de acuerdo con sus objetivos. Por ello, los grupos esotéricos intentan protegerse de pensamientos negativos que puedan afectar a su egregore.

Ampliar con artículo *El efecto del ritual masónico* por Kristine Wilson-Slack (en inglés).[38]

---

[38] *El efecto del ritual masónico* por Kristine Wilson-Slack: <tinyurl.com/agence-rituel-maconnique>.

La formación de la Cadena

En el Rito Francés y la REAA, en la Cadena de Unión, el Venerable Maestro y el Gran Experto están siempre enfrentados en el eje de la logia – el Venerable Maestro, lado este; el Gran Experto, lado oeste. Los dos Supervisores supervisan al Gran Experto. Todos los demás miembros presentes se distribuyen indiscriminadamente en la cadena. Durante una afiliación o reintegración, el masón afiliado o reintegrado se coloca entre el Gran Experto y el Primer Supervisor. Durante una ceremonia de recepción, cada nuevo aprendiz es supervisado por dos participantes en el trabajo.

En el Rito del Estilo Emulación, la Cadena de Unión no se materializa al tomar las manos. Reside, de hecho, tanto en la apertura como en el cierre de la obra en las palabras: "Únete a mí para abrir la logia…" y "Únete a mí para cerrar la logia…"

En RY, la Cadena de Unión sólo aparece a partir del grado de Masón del Real Arco (primera categoría de Altos Grados) y con una connotación diferente (en Escocia, este grado todavía se practica según su origen, en logia azul y además de el rango de acompañante).

La Cadena de Unión puede formarse, fuera de los atuendos, en circunstancias especiales de un banquete, de un funeral.

Para un acercamiento detallado a los principales elementos de la cadena de unión : el símbolo cósmico de la cadena de unión, el círculo formado por la cadena, necesariamente cerrado, la polaridad, resaltada por el cruce de los brazos, la mano que desempeña un papel activo papel en la formación de la cadena, consulte el texto de Robert Mingam, *The Union Chain.*

Texto de la Cadena de Unión, adoptado en 1992 por el GODF y dado durante el Acto de Encendido de un Taller.

El Venerable Maestro - Nunca olvidemos que el amor fraterno, como nos enseñan las llamadas Constituciones Anderson de 1723, es la base, la piedra angular, el cemento y la gloria de nuestra antigua hermandad. De todos nuestros Ritos, veneremos aquel cuya misión es recordarnos constantemente el vínculo que nos une. Que nuestros corazones se unan al mismo tiempo que nuestras manos, que el amor fraternal una todos los anillos de esta cadena formada libremente por nosotros. Entendamos la belleza y la grandeza de este símbolo, dejémonos inspirar por su profundo significado. Esta cadena nos ata en el tiempo como en el espacio, nos llega del pasado y tiende hacia el futuro. A través de él estamos vinculados al linaje de nuestros antepasados, nuestros venerados Maestros que ayer lo formaron, a través de él deben unirse los Masones de todos los Ritos, de todos los países . Enriquezámosla con numerosos y sólidos anillos de metal puro y, elevando la mente hacia el ideal de nuestra Orden, esforcémonos por reunir a todos los hombres a través de la fraternidad. Hermanos míos, extendamos nuestra mano derecha hacia adelante y prometamos mantener unos hacia otros el más fraterno afecto y trabajar incansablemente por la realización de la fraternidad universal. El Hermano Gran Experto - En nombre de todos los Hermanos presentes en este Templo , lo prometo. El Venerable Maestro- Tomo nota de su promesa ; Hermanos míos, abandonemos el Canal. Nuestros corazones permanecerán unidos.

Mezclando nuestras respiraciones en un espacio cerrado, respiramos, como una cadena de unión, las partículas de nuestro ser-juntos que transforman el yo en Nosotros.

Es con la mirada traviesa de nuestro TCF Fouqueray que podemos preguntarnos si, por especulación, sólo estamos soñando con una cadena de unión idealizada [39].

Sin embargo, la cadena de unión es como un corazón, un lugar particular para que haya vida donde se combinan receptividad y actividad a través de lo que se recibe y se da.

Por su similitud con la Cadena de Unión, resulta apropiado evocar la cadena de alianza [40]realizada durante la ceremonia ritual de los compañeros operativos. Vistiendo sus colores, los compañeros se toman de la mano mientras cruzan los brazos como los eslabones de una cadena y forman un círculo cerrado, girando en la dirección del movimiento del sol, un círculo en medio del cual están tres compañeros o dos compañeros y el Madre [41], estos permanecen inmóviles. El Rouleur canta

---

[39]Vídeo: <tinyurl.com/Franck-Fouqueray>.

[40] *El Ritual de la Cadena* , párr. 16: <tinyurl.com/chaine-d-alliance>.

[41]La cayena, sede de una sociedad de Compañeros, es un término utilizado entre carpinteros, techadores, panaderos mientras que otros, como los carpinteros, utilizan la palabra habitación. Esta casa está regida por una mujer: "Lady Bursar", "Lady Hostess" o "Madre" según el grado de iniciación que reciba esta última, a la vez posadera y supervisora de costumbres; su marido toma el

los Hijos de la Virgen, cuyo estribillo es retomado a coro. Durante el funeral, la Cadena se mantiene sin canto, está abierta, simbolizando así el eslabón que acaba de romperse.

---

nombre de "Padre". El compañero de viaje Rouleur, o Rôleur, antes era responsable de la contratación, ahora ayuda al director, aunque a menudo actúa como maestro de ceremonias.

9 BEBE DE LA COPA DE LA AMARGURA

Durante las pruebas de primer grado, el aspirante bebe una bebida en una copa llamada "amargura" o "copa de libaciones" [42]; la emoción gustativa crea un shock sensorial que se transformará en un recuerdo duradero.

Los estrictos rituales de la RÉAA sólo prevén dos copas, la copa de libaciones, insípida y luego amarga (con un poco de aloe), que se presenta antes del primer viaje en el momento del juramento. Es el símbolo de la amargura y del remordimiento que dejaría en el corazón del destinatario el perjurio que había manchado sus labios, si rompiera su palabra solemnemente dada de guardar silencio sobre las pruebas que sufrirá. Así, encontramos, en el *Cuaderno de Rituales de los tres grados simbólicos del Rito Escocés antiguo aceptado* , los detalles de la

---

[42] El término "libación" remite al vocabulario de los antiguos ritos sacrificiales: designa la acción de verter un líquido (vino, aceite, leche) a modo de ofrenda a una divinidad, en el suelo o sobre un altar.

postura y el contenido verbal del juramento de los rituales practicados en el siglo [43]XIX.

En la RÉAA, practicada en particular en el DH, durante la ceremonia de iniciación de primer grado, el destinatario, todavía con los ojos vendados, bebe sucesivamente de tres vasos diferentes en los que se ha vertido una bebida que, al principio dulce, se vuelve muy amarga. luego vuelve a ser aún más suave. Por analogía, el trago amargo recuerda la dificultad que presenta el camino de la virtud; el iniciado debe demostrar que superando su disgusto su perseverancia en el esfuerzo le permitirá encontrar la serenidad del adepto. Esta copa es emblemática: el amargor de esta bebida simboliza la dificultad que tenemos para dejar los malos hábitos que hemos contraído. Según lo informado por J.-é. Marconis de Négre en *La rama dorada de Eleusis* [44]: " Sigue con

---

[43] pag. 51: <tinyurl.com/cahier-des-rituels>.

[44] Cuyo título completo es: *La Rama Dorada de Eleusis, que contiene: La Historia Abreviada de la Masonería, su origen, sus misterios, su acción civilizadora, su objetivo y su introducción en los diversos países del mundo; el origen de todos los ritos y los nombres de sus fundadores; la tabla de todas las Grandes Logias, el lugar donde están establecidas, el año de su fundación; el rito que profesan, el nombre de todos los grandes maestros que los gobiernan; el número de personas amparadas por el mismo; los noventa y cinco Rituales de la Masonería, que contienen todo el conocimiento de los ritos más universalmente practicados, la explicación de todos los símbolos, emblemas, alegorías, jeroglíficos, signos característicos de todos los grados y el Calendario Perpetuo de todos los ritos Masónicos; el Templario Kadosh con el ágape de los antiguos iniciados; el Gran Capítulo de los Caballeros de la Rosa Creciente; el Solador Universal; los cinco Rituales de la Masonería de adopción para damas, con el*

valentía el camino de la virtud y no te dejes nunca desanimar por las molestias que te puedan arrojar las pasiones".

La copa presentada en el Rito Operativo de Salomón se llama "copa sagrada". En el Rito de Memphis-Misraïm, se ofrece una primera copa al solicitante con los ojos vendados que acaba de atravesar la puerta inferior y antes de obligarlo a realizar los tres viajes. Se trata del brebaje del olvido (recomendado por el ritual: una infusión fría de espino): " este brebaje tiene como objetivo despersonalizarte. Unas semanas después de que su ingesta sea inofensiva para la salud física, su personalidad pasada se disolverá lentamente. Insensiblemente, con los días, os convertiréis en un ser más. Poco a poco, el egregor que anima y dirige nuestra antigua Sociedad penetrará en vosotros, sustituirá su voluntad por la vuestra y, en el próximo aniversario de vuestra Recepción, no quedará nada del hombre (mujer) que sois actualmente ... Luego, justo antes de prestar juramento, se presenta al neófito una segunda copa, que bebe en tres partes. Es una bebida amarga (recomendada por el ritual: una infusión de genciana), la de la memoria, el agua de Mnemosyne. " Antes bebiste el brebaje del olvido, destinado a despersonalizarte, a eliminar toda tu voluntad. He aquí una segunda copa, la de la Bebida de la Memoria, el agua de Mnemosyne... Cuando la hayas absorbido, tu posesión será total, absoluta, el Alma oculta de toda la Masonería habrá pasado a ti . El choque de este sabor amargo despierta impregnándole la

---

Solador completo, etc. (p.86): <tinyurl.com/rameau-dor-dEleusis>.

memoria de un mundo pasado, de una unidad primordial de la que sólo queda el recuerdo en las formas adquiridas por las virtudes que la iniciación le ofrece practicar ; toda iniciación tiene como objetivo redescubrir la memoria de los orígenes. Esta práctica le devolverá a una vida más espiritual, en la que le llevará a subir por una escalera de valores distintos y mucho más elevados que los de la simple existencia secular. A cada paso, el destinatario de los misterios de Eleusis era amenazado de muerte y sólo demostrando que estaba siempre dispuesto a sufrirla llegaba a las revelaciones finales. Una de las pruebas más terribles que tuvo que soportar fue la siguiente: le colocaron dos vasos delante. El sumo sacerdote le dijo: "Hijo de la Tierra, uno de estos dos vasos contiene un veneno terrible. Si realmente crees en el más allá, si no tienes miedo a morir, elige uno de estos vasos y bebe. ¡Que los dioses te protejan! En caso de negativa, el destinatario era encarcelado hasta su muerte. Las pruebas de iniciación en diferentes grados estaban marcadas por la absorción de la bebida que se encontraba en *Crata Repoa , o iniciaciones en los antiguos misterios de los sacerdotes de Egipto* [45].

En el ROPM, se ofrece al nuevo iniciado una tercera copa, que contiene leche, justo antes de realizar su primer trabajo sobre la piedra en bruto, explicándole que esta bebida es "a la *vez simbólica y sacramental, le dará vitalidad para renacer"*. *en vuestra nueva vida, porque es, como la sangre que hirvió en el Santo Grial, la fermentación ígnea de la vida o de la mezcla generativa, el alimento de los hijos y de los*

---

[45]Crata repoa o iniciaciones en los antiguos misterios de los sacerdotes de EGIPTO , 1821: <tinyurl.com/crata-repoa-mysteres-d-Espagne>.

dioses; y así lo divino estará en ti ". *Sang Ra All* , "el rayo viene del cosmos", llamado *Gardal* a orillas del Nilo, se convirtió en *Gradal* … luego *Grial* . Fue en este Gardal donde los sacerdotes guardaban el fuego material, como las sacerdotisas guardaban el fuego celestial de Ptah [nota al pie del ritual de iniciación del ROPM] .

Gran Logia General Escocesa (1804) y Réa *Oiler* de De Grasse-Tilly (1813)	*Guía de masones escoceses* (c. 1806-1811, publicada c. 1816-1821)	*Ritual de los tres primeros. grados* según cuadernos antiguos (1829)
Al pie de las gradas del altar, sobre una copa sagrada. Beba un vaso de agua, luego agua amarga. *Me comprometo al más absoluto silencio sobre todo tipo de pruebas a las que será sometida mi valentía; si debo faltar a mi juramento y faltar a mis deberes, si el espíritu de curiosidad me lleva hasta aquí, concuerdo en que la dulzura de esta bebida se transforme en amargura y que su efecto saludable se convierta contra mí en sutil veneno.*	Arrodillado al pie de los escalones del altar. Bebe un poco de agua de la copa sagrada, luego riega con agua amarga . *Me comprometo al más absoluto silencio sobre todo tipo de pruebas a las que será sometida mi valentía.*	Arrodillado al pie del altar. Beba una taza de agua dulce y luego una taza de mezcla amarga. *Me comprometo por mi honor al más absoluto silencio sobre todo tipo de pruebas a las que pueda verse sometido mi coraje.*

Recordemos que al nuevo Profeta, es decir al iniciado en el séptimo y último grado de la iniciación de los sacerdotes egipcios, se le presentó una bebida llamada *Oimellas* (vino y miel), y se le dijo que había llegado al final. de todos los ensayos. Hay razones para creer que la bebida de un licor dulce y agradable que fue presentada al nuevo Profeta era una alegoría que debería significar que, de ahora en adelante, sólo tendría para recolectar los dulces de la ciencia .[46]

En los rituales anglosajones, no hay corte de grados simbólicos.

---

[46]pag. 39 y Nota del editor M, p.50 *Crata Repoa, o Iniciaciones a los misterios de los sacerdotes de Egipto,* 1821: <tinyurl.com/crata-repoa-mysteres-d-Espagne>.

10 BEBÍ BIEN, COMÍ BIEN… EN EL BANQUETE DEL ORDEN

Muchas tradiciones enseñan que la regeneración del hombre caído se produce mediante la administración de comida o bebida, ya sea un elixir, comunión o ambrosía. Parece que hay una transformación física y concreta, provocada por un alimento.

En las sociedades secretas egipcias, el banquete marcaba el primer grado de iniciación. En los cultos griegos antiguos, y especialmente entre los pitagóricos, el carácter sagrado del banquete era tan fuerte que los seguidores sólo eran admitidos a la comida después de un período de tres a cinco años después de su entrada en la Orden.

La syssitie era una comida durante la cual, en una copa ritual, los griegos ponían un poco de harina, un poco de miel y vino de Samos. Después de mezclar bien, vertieron una cucharada de esta mezcla en el fuego sagrado, y así ofrecieron a la divinidad una parte de la comida sagrada, luego la copa se hizo circular entre los celebrantes. "Aquellos que han invitado a los dioses a su mesa", dice Heródoto , serán invitados, después de la muerte, al banquete eterno en las islas de los Bienaventurados.

En tiempos de Platón, el banquete era de hecho una reunión en dos etapas: primero una comida, durante la cual no se bebía, que terminaba con una libación de vino puro, es decir, con el vertido en el suelo de una parte como ofrenda a los dioses. Luego vino el simposio, propiamente el nombre del banquete, marcado por la moderación en el consumo de comida y vino, un tiempo dedicado a los intercambios. El Banquete más famoso es el descrito por Platón que tendría lugar en el año 416 [47]a.C.

En la masonería, en el siglo XVIII, esta práctica de generosidad en las logias especulativas era tan común que era costumbre llamar a los masones "hermanos del estómago". También encontramos a modo de burla la expresión "Caballeros del estómago" [48].

En una carta de Laurence Dermott, añadida en 1764 a la quinta edición de la obra titulada *La Constitución del Francmasón, o Ahiman Rezon* [49,] podemos leer una filípica que evoca los banquetes de los *Modernos* : " Pensamos oportuno abolir el antiguo uso de Se ocupan en la logia del estudio de la geometría, y a algunos de los jóvenes Hermanos les pareció que un buen cuchillo y un buen tenedor en manos de un Hermano hábil, aplicados a los materiales adecuados, darían mayor satisfacción y

---

[47]Vídeo: < tinyurl.com/le-Banquet-de-Platon >.

[48]< tinyurl.com/exposition-franc-maonnerie >.

[49]Ahiman Rezon o ayuda a todos los que son masones libres y aceptados... Párrafo XXX: <tinyurl.com/Ahiman-rezon>.

aumentarían la alegría. , que la escalera más fuerte y la mejor brújula …".

La embriaguez , que sin duda no faltaba en estos banquetes , era frecuentemente mencionada no sólo por los profanos de la época, sino también en las revelaciones: " si el tiempo no nos permite llevar a cabo las instrucciones de la Logia,... Se quitan las joyas y se emborrachan como masones ". En 1720, en palabras de compositores masónicos encontramos también: "Te hacen albañil por 5 guineas, no es mucho para pagar, y luego puedes llamar a los Señores y Duques tu hermano, tienes guantes, un delantal blanco, emborracharse y listo"

Por supuesto, los abusos no eran infrecuentes; así, el grabado satírico de William Hogarth, titulado *La noche* , muestra a un masón saliendo de una taberna en un estado que se puede calificar de "cargado" [50]. Generalmente se considera que esta figura es el Venerable de la logia de Hogart, Sir Thomas de Veil, apoyado por la guardia de la logia masónica *(tyler)* , identificado como Andrew Montgomerie, gran fabricante de pelucas . Sin embargo, Philippe Langlet, en *Lectura de imágenes de la masonería,* piensa que preferiría ser posadero, dadas las tijeras para apagar velas que cuelgan de su delantal (y no la llave de la logia), como pudo comprobar en otro grabado de un posadero con el mismo delantal.

El hecho de que las primeras logias se reunían en tabernas (de las cuales recibieron su nombre) puede

---

[50] Grabado de William Hogarth: <tinyurl.com/Hogarth-la-nuit>.

explicar fácilmente su mala reputación [51.] Así, el nombre "À l'Oie et le Grill", la taberna de una de las 4 logias que se unían en la Gran Logia de Londres y Westminster, era una parodia de la sociedad musical El Cisne y la Lira de Apolo que tenía por costumbre de reunión en el mismo edificio antes de que se transformara en taberna. Pero, sobre todo, como se informa en el *Nuevo Catecismo de los Francmasones* de 1740: "Debido a que las logias parisinas inicialmente no conocían otra forma de trabajar que los banquetes, se reunían invariablemente en los restauranteros. Entre ellos, hubo algunos que intentaron aprovechar la situación, siendo recibidos como masones e incluso adquiriendo el derecho a tener una logia. Sin embargo, el Maestro de la Logia que vendía comida y bebida tenía una tendencia natural a preocuparse principalmente por sus intereses comerciales. Bajo su dirección, la obra masónica estuvo en gran peligro de perder el carácter de dignidad que le corresponde. Posteriormente, esto dio lugar a graves abusos. De hecho, algunas logias dieron lugar a críticas que desgraciadamente estaban demasiado justificadas . Se admitió a cualquier candidato, siempre que pudiera cubrir los gastos de iniciación; luego, el "trabajo de masticación" se convirtió abiertamente en lo esencial, la Instrucción Masónica se concentró con predilección en este vocabulario grotesco y nada iniciático, que a veces nos empeñamos en utilizar en las fiestas o en los banquetes de orden [52.]

[51.]Lurker, *Banquete del Orden en el Rito Francés* : <tinyurl.com/Banquet-d-ordre-au-RF>.
[52.]Oswald Wirth, *La masonería hecha inteligible para sus seguidores* , 1923, p.12: <tinyurl.com/le-livre-de-l-apprenti>.

En respuesta a sus detractores, el caballero Andrés de Ramsay escribió en particular : " Nuestras fiestas no son lo que el mundo profano y el vulgo ignorante imaginan. Todos los vicios del corazón y de la mente han sido desterrados y la irreligión y el libertinaje, la incredulidad y el libertinaje han sido proscritos. Nuestras comidas se parecen a aquellas cenas virtuosas de Horacio donde discutíamos todo lo que podía iluminar la mente, regular el corazón e inspirar el gusto por lo verdadero, lo bueno y lo bello .[53]

Parece que en esta época en la que los partidos políticos y los gremios estaban prohibidos, la organización de banquetes permitía reunirse en torno a un pretexto festivo autorizado [54]. "La mayoría de las asambleas de masones se llevan a cabo en empresas de catering o comerciantes de vino. A veces la recepción se realiza en una casa burguesa y la comida en el Cabaret; el Cabaret favorito es aquel cuyo Anfitrión; Los Jacks son iniciados en la Orden, que creen que es un refugio contra la policía.

Los artículos 22 a 27 del *Reglamento General de las Constituciones de Anderson* de 1738 se refieren a la organización de un banquete anual, como ya estaba previsto en los artículos 22 a 30 del *Reglamento General* de 1720 [55]de la Gran Logia de Londres y Westminster bajo el nombre de "fiesta". Durante la época

---

[53]Ramsay, Lectura de un texto inicialmente previsto para el 21 de marzo de 1737: <academia.edu/34983131/>

[54] (p.101), *Nuevo catecismo de los masones* . 1440 desde el Diluvio (1740): <tinyurl.com/nouveau-catechisme-des-fm>.

[55] *Constitución, historias, leyes, cargos, reglamentos y costumbres de la muy venerable hermandad de los masones aceptados.* , pag. 75: <tinyurl.com/usages-des-francs-maçons>.

posrevolucionaria, cuando la masonería estaba inactiva, el banquete era una manera perfecta de reunirse.

Lo que está fuera de toda duda es la permanencia de la práctica del banquete entre los masones, especialmente como elemento de recepción [56]ya que, según las ordenanzas reales que regulaban la profesión, la recepción de los nuevos masones debía ir seguida de una gran comida [57]. donde se intercambiaron abrazos fraternos y se difundió el mensaje de paz a través del pan y el vino. Sin embargo, hay una ambigüedad en el texto que podría sugerir que la ceremonia tuvo lugar durante el banquete. Así leemos en el artículo 9 de los *Estatutos de Willam Schaw de* 1599: "Mi Señor el Supervisor General ordena que todos los estatutos y regulaciones antiguos, establecidos por los predecesores de los masones de Kilwin, sean, en el futuro, fielmente observados. por gente del oficio, y que en adelante cualquier aprendiz o oficial sólo podrá ser recibido en la iglesia de Kilwining, su parroquia y segunda logia ; y que todos los banquetes de recepción de aprendices o oficiales se celebrarán en dicha Logia de Kilwin", pero especialmente el artículo 11: " Todos los aprendices que serán recibidos sólo lo serán si primero pagan por dicho banquete la suma de seis libras, o en caso contrario. pagarán el banquete para todos los miembros del oficio pertenecientes a dicha logia y sus aprendices .

---

[56]G.-L. Pérau , *La Orden de los Masones traicionada y el secreto de los Mopses revelado* , 1758, p. 69: <tinyurl.com/francs-macons-trahi>.
[57]< anciendevoirs.com/page-14 >.

No fue hasta finales de este siglo que se empezaron a numerar las logias. Anteriormente, una logia masónica tomaba su nombre de las posadas, tabernas de Londres y trastiendas de empresas de catering de París en las que se reunían los hermanos.

La legendaria reunión, que determinó el nacimiento de la Gran Logia de Londres y de Westminster (la de los ingleses, los *Modernos*), se habría celebrado el 24 de junio de 1717 (o, según el calendario juliano vigente en Inglaterra en la época). , el 4 de junio de 1717), julio del mismo año) en la taberna *At the Apple-Tree* (au Pommier), taberna en Charles-street, Covent-Garden. Las cuatro Logias fundadoras fueron, además de la que albergaba a otras 3, *At the Goose and Gridiron* , una cervecería en St. Paul's Church-Yard, una casa de ladrillo de cinco pisos con el comedor en el segundo piso, donde los hermanos cumplió, mide aproximadamente 28 m2; *En The Crown* , cervecería en Parker's Lane, cerca de Drury Lane; y *At the Rummer and Grape* (à la Coupe et au Raisin, Loge de Désaguliers), en Channel Row, Westminster. Luego, oficialmente, el día de San Juan Bautista, se celebró la Asamblea y Fiesta de los Masones Libres y Aceptados en el ya mencionado Goose and Grill en el patio de la Catedral de San Pablo. Antes de cenar, el Maestro mayor de la Logia propuso una lista de candidatos idóneos; los hermanos, por mayoría y a mano alzada, eligieron a Anthony Sayer (miembro de *la Logia de la Antigüedad nº 1* que todavía existe hoy), caballero, Gran Maestro de los Masones que fue inmediatamente investido con las condecoraciones de su cargo por el Maestro más antiguo, instalado y felicitado por la asamblea que le rindió homenaje.

El informe de esta primera reunión fue escrito por el propio James Anderson en 1738 e incluido en la edición de 1784. Roger Dachez dice: "1717 es simplemente el mito historiográfico, forjado por "el motivo correcto", que moldeó para siempre la organización de toda la masonería a lo largo de todo el mundo. el mundo. Es un un hito simbólico en la historia masónica y, como tal, será celebrado en todo el mundo. Que Francia, "hija mayor de la masonería", sea el único país donde esto no suceda sería, por tanto, un puro y simple absurdo [58].

En realidad, lo que se fundó en este solsticio de 1717, es nada más y nada menos que una sociedad de Tabernas que reúne a otros clubes de la misma orden en torno a la idea de organizar, juntos, una celebración del Día del Santo. que las fiestas cuesten menos para todos. Lo que sigue siendo muy particular de esta fundación es la apropiación a la que fue objeto.

En la medida en que esta agrupación estaba formada por importantes personalidades científicas y culturales, se acordó darle un nombre que recordara el de una empresa ya existente con una buena imagen de marca, o incluso una tradición de protección y una cierta libertad de acción. La antigua masonería fue entonces liberada arbitrariamente de sus propios deberes y misterios para volverse "libre", *libre* y se la llamó *masonería* .

En cuanto a la reunión que determinó la existencia colectiva de la *Gran Logia* (la de los irlandeses, los *Antiguos*), se celebró el 17 de julio de 1751 en la *Turk's Head Tavern* de la Greek Street del Soho, al norte de Londres, en la opuesto geográfico del sitio fundacional

---

[58] Roger Dachez, *El no acontecimiento de 1717* : <tinyurl.com/le-non-evenement>.

de la Logia de 1717 al sur. Y en 1753, en St John's Winter (a diferencia de St John's Summer, donde se creó la Gran Logia de Londres y Westminster), se creó la Gran Logia de Ancianos. Tabernas *de Turk's Head* Y *Queen's Head* era muy antiguo y durante mucho tiempo había servido como sede de sociedades sociales, clubes y círculos literarios, filosóficos y artísticos. Era en una de estas dos tabernas, la *Queen's Head* , donde se reunía la sociedad Phylomusicae, la fuente más antigua de una práctica ritual del rango de Maestro. Esta nueva estructura tomó entonces la costumbre de reunirse en una taberna ocupada por una octava Logia que vino a unirse a ellos y ofrecerles sus locales; el Lodge " *Temple and Sun* " en Shire Lane en Temple Bar, otro distrito de Londres.

En París, el 12 de junio de 1725, la Logia Saint Thomas, creada por instigación de Lord Derwentwater, un refugiado católico jacobita, se instaló en una taberna-catering muy frecuentada por inmigrantes ingleses, en *Barnabé Hute* , rue de la boucherie. Una Logia competidora fue instalada por los protestantes calvinistas en 1732, unas calles más allá, en *el Auberge du Louis d'Argent* (aparece en la Tabla General de 129 talleres de 1930 con el número 90) [59].

En 1737, estando prohibidas las reuniones masónicas por órdenes reales y decretos del Parlamento, se produjo una redada policial dirigida por el comisario de policía

---

[59] Lámina nº 7a del texto *Ceremonias y costumbres religiosas de todos los pueblos del mundo* <tinyurl.com/planche7coutumes-du-monde>.

Jean de Lespinay en la logia situada en la *empresa de catering Chapelot* , rue de la Rapée.[60]

La práctica de los Banquetes de Orden está relativamente poco atestiguada en la historia de la masonería, a diferencia de la de los banquetes simples. Una descripción de un banquete, entonces llamado "fiesta", acompañada de canciones, la hace Louis Travenol en 1744 en el capítulo VIII, titulado *Ceremonia de las fiestas y de las penas por las faltas cometidas* [61], de la divulgación *Nuevo catecismo o La desolación de los empresarios modernos de El Templo de Jerusalén o Nuevo Catecismo de los Masones*

No existen vestigios reales de banquetes ordenados mediante un ritual específico antes de principios del siglo XIX; esta práctica sólo está atestiguada en el continente, más particularmente en Francia.

Los atuendos estilo Emulación consisten en un ritual de logia y un banquete protocolario obligatorio durante el cual se acostumbra entregar comunicaciones o tableros que pueden ser objeto de debates fraternos. También es, como buena práctica, el momento que los Venerables Maestros visitantes elegirán para dar sus saludos e impresiones. Este banquete es el equivalente estricto de la Cadena de Unión de los rituales continentales. No participar significa abandonar la cadena [62].

---

[60] *Ceremonias y costumbres religiosas de todos los pueblos del mundo* : <tinyurl.com/la-descente-de-police>.

[61] Louis Travenol , *Nuevo catecismo de los masones, que contiene todos los misterios de la masonería...* <tinyurl.com/ceremonie-des-festins>.

[62] Búsquedas y símbolos de Truthlurker, *Protocolo de tabla:* < tinyurl.com/table-protocol>.

El Banquete de Orden, o banquete simbólico, es una comida ritual, considerada una obligación, organizada la mayoría de las veces en torno a los solsticios astronómicos, el solsticio de invierno que anuncia la renovación (el día de San Juan Evangelista, 27 de diciembre), pero también el de verano, cuando el sol se acerca al cenit (el día de San Juan Bautista, 24 de junio). La forma de las mesas es enteramente astronómica; en el solsticio de verano, representa el curso del sol en el hemisferio superior; en el solsticio de invierno, el del hemisferio inferior. En consecuencia , el Venerable, que según el ritual masónico representa el sol, ocupando el extremo, o punto solsticial, está siempre en el punto más alto, tanto en invierno como en verano.

El salón donde se desarrolle el Banquete de Orden deberá estar situado de manera que no se pueda ver nada desde el exterior. La mesa tiene forma de herradura, los oficiales ocupan un lugar específico que recuerda a los del interior del templo. Los aprendices sirven la comida; los acompañantes los vinos. Los candelabros se colocan sobre la mesa. Una cinta delimita el centro de la mesa a lo largo de la cual se alinean los cañones (vasos) que, según el Rito Filosófico francés, deben ser "vasos de fuego", es **decir** vasos de fondo **plano** , y no vasos de pie [63].

El Banquete de la Orden es un atuendo que se realiza con las manos desnudas, sin delantal, sólo se usan cordones y collares.

---

[63] *Rito filosófico francés en el grado de Aprendiz según los textos originales de la Respetable Loge Tolérance GODF* , París 1950: <tinyurl.com/rite-francais-philosophique>.

las obras de La tabla consta de siete salud.

Es en memoria de las antiguas costumbres y los honores tradicionales que se pagan con motivo de las comidas rituales que se usan saludos. Las 7 saludes se relacionan con las libaciones que hacían los iniciados persas, egipcios y griegos, en honor a los 7 planetas, cuyos días de la semana llevan sus nombres.

~La primera libación se ofrecía antiguamente al Sol, rey del universo, a quien la naturaleza debe su fertilidad; estaba dedicado al soberano.

~La segunda libación fue ofrecida a la Luna, a esta estrella que, según los antiguos, arrojaba luz sobre los misterios más secretos. Los masones lo dedicaron al poder supremo de la Orden que, para ellos, es después del soberano, el regulador supremo.

~El tercero estaba dedicado a Marte (Ares en Grecia), divinidad que, entre los antiguos, también presidía concilios y batallas. Los masones lo convirtieron en la salud del Venerable.

~El cuarto era el de Mercurio a quien los egipcios dieron el nombre de Anubis, el dios que vigila, el que anuncia la apertura o el cese del trabajo. Se ha convertido en la salud de los Supervisores que anuncian, como Anubis, la apertura y el cierre de la obra, y que son responsables, como Mercurio, de vigilar a los hermanos en el templo y fuera del templo.

~El quinto fue ofrecido a Júpiter, también llamado Xenius, el dios de la hospitalidad. Está dedicado a los visitantes y talleres afiliados, es decir, invitados masónicos.

~El sexto era el de Venus, la diosa de la generación; esta divinidad, símbolo de la naturaleza, dice Lucrecio, es el encanto de los hombres y de los dioses. Se ha convertido en la salud de los oficiales, la de los miembros de la logia y, sobre todo, la de los nuevos iniciados.

~Finalmente, la séptima libación fue ofrecida a Saturno, a este dios de las épocas y de los tiempos, cuya inmensa órbita parece abarcar el mundo entero. Fue elegido por la salud de todos los masones que cubren la superficie de la Tierra en cualquier situación que el destino les haya puesto. Así como en las fiestas de Saturno los esclavos compartían los placeres de sus amos y se sentaban a su mesa ; Asimismo, entre los masones, los sirvientes vienen a mezclarse en el trabajo de los hermanos (y hermanas) para participar en esta salud general. Insertamos entre el sexto y el séptimo todos los que juzguemos añadir. Los tres primeros, así como el último, están rodados de pie [64].

Normalmente siguiendo las indicaciones de la nota al pie de la *Preciosa Colección de la Masonería Adonhiramita* , aquellos a quienes se les da salud nunca deben beber con otros, sino después, como acto de agradecimiento. Vemos que los aprendices piden la palabra para expresar su reconocimiento al testimonio de estima y amistad que han recibido; lo marcan llevando a su vez salud [65].

---

[64]A partir de la página 35, consulte el capítulo "Mesa o Banquet Lodge" de la *Guía de los Masones Escoceses o Cuadernos de los tres grados simbólicos del Rit Antiguo y Aceptado:* <reunir.free.fr/fm/rituels/guide>.
[65]Louis Guillemain Saint-Victor, publicado en 1785, p.34: <tinyurl.com/recueil-precieux>.

Para traer salud, en la mayoría de los ritos, los hermanos (y hermanas) se ponen de pie y se colocan en orden en la mesa como se dice: "todos los hermanos colocarán su mano derecha plana sobre la mesa, con el pulgar en cuadrado. Los hermanos aprendices colocarán su toalla (símbolo de "servir", "al servicio de") sobre el brazo izquierdo , doblado en escuadra delante del cuerpo. Los hermanos compañeros lo llevarán en el hombro izquierdo . Los Maestros, enrollados sobre sus cuellos . La copa se sostendrá en la mano izquierda . Por lo tanto, ya no es el delantal, sino la servilleta, colocada en varios lugares del cuerpo de los invitados, la que marca el rango del invitado.

Es con la toalla que se une la Cadena de Unión [66]. La Cadena de Unión más practicada es la de las servilletas cruzadas. Cada participante sostiene, en la mano izquierda, el extremo izquierdo de la servilleta de su vecino de la derecha y el extremo derecho de la suya propia combinada. La mano derecha queda libre. Si es necesario , puedes formar una cadena larga sin cruzar las toallas, con ambas manos ocupadas.

Los términos de mesa utilizados durante el Banquete de la Orden son de inspiración militar y alquímica. Aquí hay algunos partidos:
placa/baldosa; beber/disparar un cañón; botella/barril;
sillas/cubos; sidra o cerveza/polvo amarillo;
cuchillo/espada; cuchara/paleta; cortar/recortar;

---

[66]Las instrucciones sobre la logia de mesa, así como numerosas informaciones sobre este tema, se encuentran en el documento del *Rito filosófico francés según los textos originales de la Logia Respetable Tolerancia* (1970-1985) a partir de la página 127: <en06.fr/wa_files /ritual%20rite%20french.pdf>

agua/polvo débil, tenedor/pico; licor/polvo fulminante; luces/estrellas; comer/demoler materiales; alimentos/materiales; mantel/velo; pan/piedra cruda; plato/bandeja; pimiento amarillo/arena; sal/pimienta blanca; servilleta/bandera; mesa/plataforma; cañón de vidrio; vino blanco/polvo fuerte; vino tinto/polvo rojo.

En el Rito del Bosque, el banquete se llama Venta de Mesa. Este rito utiliza otros términos de mesa, aquí se presenta una descripción general: mesa/carbonero, vasos/furgonetas; botellas/masas; platos y platos/platos; manteles y servilletas/ropa de cama; cucharas/palas; tenedores/arcos; cuchillos/hachas...

Las ceremonias de mesa de los Altos Grados, relatadas en los Thuileurs de principios del siglo XIX, nos dan las pautas, como por ejemplo Le *Manuel Masonnique Ou Tileur De Tous Les Rites De Maçonnerie Practicés* , de Vuillaume, publicado en 1820. Estos Los banquetes o las mesas tienen pocas diferencias en algunos gestos, en el vocabulario [67]. Así, en el 4.° grado del 1.° orden de los modernos , los vasos reciben el nombre de urnas y los cuchillos, dagas. En el grado 18 de la REAA, las copas se llaman cáliz pero hay una advertencia: no se deben confundir los banquetes con la cena mística cuyas ceremonias se describen en los rituales. En efecto, en el ritual del decimoctavo grado de la RÉAA, encontramos especificado que la recepción de un caballero rosacruz recién consagrado lleva el nombre de "cena".

---

[67]Se pueden consultar hojeando las páginas 140, 166 del *Manual masónico o alicatador de todos los ritos prácticos de la masonería* , 1820, de Vuillaume: <tinyurl.com/Tuileur-de-tous-les-rites>.

Información sobre los usos masónicos

Evidentemente, las aclamaciones cambian según el grado.

Estas revelaciones también las encontramos en el *Manual Masónico, o Tuiler de los Diversos Ritos de la Masonería practicados en Francia, en el cual encontramos la Etimología e Interpretación de los Nombres y Palabras Misteriosas Dados en cada uno de los grados de los diferentes Ritos* de 1830 con la descripción de los banquetes practicados en los Grados Altos: "Había, originalmente, lo que se llamaba un refectorio, donde la gente sólo comía de pie, y donde sólo se servían verduras cocidas al horno. Agua... Cuando el espacio lo permite, la mesa se dada la forma de una cruz griega. Los vasos se llaman cálices, la mesa se llama altar. El excedente de utensilios tiene la misma denominación que en los primeros grados. Así , escuchamos en los mandamientos para la salud: "¡Levantaos, caballeros! ¡La bandera saltire! ¡Mano al cáliz! ¡Arriba el cáliz! Se eleva hasta la altura de la frente. ¡Vaciamos el cáliz en tres pasos! ¡El cáliz en el hombro izquierdo! ¡El cáliz en el hombro derecho! ¡Arriba el cáliz! ¡Dejemos el cáliz! ¡Mío por la batería! [68]".

Hoy, para evocar los banquetes masónicos, a falta de respeto por las formas rituales, los masones hablan de ágape. Ágape es un amor oblativo, es decir dar prioridad a las necesidades de los demás sobre las propias. Es un amor cuyo equivalente latino es *Caritas* , diferente a los categorizados por los griegos, a saber: *Eros carnal* , *Philia* por la amistad y el placer del compañerismo, *Storgê* por el

---

[68] *Sublime capítulo Bernardo de Claraval,* "La última cena de los Caballeros Rosacruces", de la página 63: <fliphtml5.com/lxqr/xefi/basic>.

afecto familiar, *Ludos* λυδός el amor lúdico, *Mania* μανία el amor obsesivo, Pragma πϱ ᾶ γμα amor duradero, Philautia φιλαυτία amor propio.

Tenga en cuenta que el acrónimo de "AGAPE", ἀ γάπη, reúne principios de la religión cristiana y de la filosofía estoica : **A** *gapè* amour; **No** *te* conoces a ti mismo; **Un** *necho* aguanta, aguanta; **P** *istuei:* tener fe, tener confianza; **E** *podos* tomar cierta distancia, abstenerse.

Información sobre los usos masónicos

11 DESOLLADO: NI DESNUDO NI VESTIDO

Despojarse de la ropa, de los metales, de la libertad de expresión y de movimiento son metanoia ampliamente practicadas durante las ceremonias de iniciación masónicas. El despojo masónico realizado durante esta ceremonia de iniciación es una condición de separación de la membresía en un grupo (profano) para poder ser agregado a otro grupo (sagrado). Philippe Langlet nos aporta algunas reflexiones valiosas [69].

El decapado de metales se realiza tradicionalmente en los patios, en el intervalo que separa la sala de reflexión del paso bajo la puerta inferior. De hecho, los preparadores retiran del destinatario todos sus metales sin excepción (dinero, monedas, joyas, etc.). Despojado de sus metales, el masón renuncia a todo lo que le une a los bienes terrenales así como a los méritos profanos. El despojo de los metales es una renuncia moral iluminada por las asimilaciones de los metales a los vicios que Apolonio de Tiana hacía de ellos: la plata con la esclavitud, el latón con el orgullo, el hierro con la envidia o la venganza.

---

[69] <academia.edu/7620392/>.

debe ser experimentado para pasar de la condición de tener al estado de ser, de Baal a יהוה.

Raoul Berteaux, en su *Simbólico en el grado de aprendiz* , dice: "Cualquier portador de metal, sin saberlo, capta ondas electromagnéticas. Está en todo momento sujeto a influencias que no percibe y, a fortiori, que no controla. La masonería invita a sus miembros a renunciar a todos sus prejuicios, hábitos y neurosis y, en particular, a la poderosa neurosis del ego. Se necesita una mirada de coraje para cuestionarse a uno mismo. Ésta no es la complacencia que ofrece el espejo. Ser sensible a la propia vida cotidiana y querer modificarla conscientemente encontrando un tono en el corazón no es simplemente un pensamiento filosófico sino un verdadero trabajo espiritual que requiere un esfuerzo y una voluntad activa de sacrificar algo, de renunciar a modalidades del yo para poder para crear otro y actuar sobre el mundo. Vemos allí un pacto de renuncia narcisista a cambio de una esperanza total como escribe Daniel Pons: "Creador, hermano mío, cuando sientas que tu cuerpo efímero te abandona, recuerda entonces que la barca de Isis es un carro que conduce, hacia la eternidad, a todos. cuerpos agotados por superarse a sí mismos".

También se habla de abandono del anciano.

En la mampostería anglosajona, el decapado de metales ha caído en desuso. El rito dedica mucho cuidado a la preparación de la vestimenta del candidato, insistiendo muy fuertemente en que éste debe presentarse a la Iniciación *ni desnudo ni vestido* , ni desnudo ni vestido, preparado en su corazón. Los americanos del rito de LA emulación obligan incluso al destinatario a desvestirse completamente y ponerse una especie de pijama. Pero no hablan ni de los cuatro elementos ni de los metales, con tanto énfasis como la Masonería Continental.

Despojarse de las herramientas de un compañero es liberarse de los soportes que permitieron la adquisición del grado de conocimiento que, si realmente se hubiera adquirido, luego se integraría en el propio ser. Para poder acceder a un grado superior de orden, "convendría que este conocimiento del compañero volviera a dejar libre el camino y con ello se deshiciera de todo lo que ahora se ha vuelto externo al ser y que obstaculizaría este próximo paso". , aunque estas herramientas hayan sido necesarias hasta entonces.

En la Biblia la serpiente se presenta en Génesis, 3,1 como "aroum" (עָרוֹם) astuta, pero esta palabra también tiene la traducción "sabia", "casi desnuda", "con la ropa rota". Este calificativo se encuentra en Génesis; 3,7 para hablar del estado en el que Adán y Eva se descubren (muchas veces traducido como desnudos) y en Isaías, 20, 2 asociado a la palabra descalzos, iaheph (יָחֵף), estado en el que Dios ordena a Isaías que se ponga antes que profetizar, en resumen, **ni desnudo ni vestido** !

Ni desnudo ni vestido

La primera prenda del hombre fue su piel.

sacerdotes egipcios , para ofrecer sacrificios al sol, depositaban sus anillos y otros adornos de oro o plata [70].

En la mayoría de los ritos, ni desnudo ni vestido es el estado en el que se encuentra el solicitante al inicio de la ceremonia iniciática. En efecto, el futuro iniciado tiene el brazo izquierdo y el pecho descubiertos, es decir, el corazón descubierto en señal de sinceridad y franqueza, la pierna y la rodilla derechas expuestas para marcar los sentimientos de humildad que deben regir en la búsqueda de la verdad, el pie dejado descalzo. " (monoplasto) a imitación y recuerdo del antiguo héroe que cojeaba en la oscuridad (Jasón, el Argonauta, conquistando el Vellocino de Oro).

En la zona de influencia india, es costumbre que los monjes budistas mantengan el brazo derecho desnudo. Es también una señal de humildad, una señal de respeto hacia los presentes. Por lo tanto, el discípulo tendrá cuidado de tener el brazo desnudo delante de su(s) maestro(s). Además, este brazo desnudo demuestra que estamos listos para trabajar (un poco como aquí, nos arremangamos para ponernos manos a la obra).

Albert G. Mackey utiliza la palabra "descalcificación" para referirse al aflojamiento de un pie [71]. Esta es la orden dada a Isaías en Is, 20, 2 de ponerse "aroum" y

---

[70]Nota 2, pág. 46, *Manual masónico o Tuileur de todos los ritos masónicos practicados en Francia ,...,* 1820, por un veterano de la masonería, que se cree que es Claude-André Vuillaume: <tinyurl.com/Tuileur-de-tous-les-rites>.
[71] *El simbolismo de la masonería* , cap. XVIII, El Rito del Descalceamiento, 1882: <tinyurl.com/la-discaleation>.

"iaheph" (עָרוֹם וְיָחֵף), "con ropas rotas" y "descalzos" antes de profetizar. En la Biblia hebrea, en el libro de Josué, está escrito "quítate el calzado de tus pies, porque estás entrando en un lugar sagrado". Muchas veces pensamos que quizás este sea el origen de esta postura. Pero el significado habría que buscarlo más en el Libro de Rut.

En algunos rituales (como el de Duncan), el Candidato se para en la esquina noreste y le da su zapato izquierdo al Venerable Maestro mientras se leen los versículos bíblicos de la compra de Rut por parte de Booz: "un hombre se quitó el zapato y se lo dio a su vecino; y esto fue testimonio en Israel; Entonces el pariente dijo a Booz: Cómpralo para ti. Entonces se quitó el zapato. En efecto, "antiguamente, en Israel, cuando se trataba de redención o cambio, este era el procedimiento para hacer definitivo un contrato: uno de los contratantes se quitaba la sandalia y se la daba al otro" (Rut; 4, 4 a 9). Por lo tanto, en el Rito de York, los Hermanos son llamados a testificar que el destinatario ha ingresado a la Masonería y está en el proceso de ratificar su compromiso con la Logia. Luego le devuelven el zapato .

En el *Manuscrito Wilkinson* de 1727 está escrito: "P: ¿Cómo te hicieron masón? R: Ni sentado, ni de pie, ni desnudo, ni vestido, sino según las formas requeridas. P: ¿Cuáles son los formularios requeridos? R: Con la rodilla desnuda en el suelo entre las ramas de la plaza y mi mano izquierda sobre la Biblia, mi mano derecha extendida, con el compás sobre el pecho izquierdo desnudo; [en esta disposición] asumí la obligación solemne del masón". Encontramos también en el *Diálogo entre Simón, masón sedentario, y Philippe* , *masón de paso* [72], una repetición del ritual de la nueva Masonería de la Gran Logia de Londres y Westminster publicado en 1725: "Philip: ¿Cómo fuiste recibido como ¿masón? Simón: Ni desnudo, ni vestido, ni de pie, ni acostado, ni arrodillado, ni de pie, ni descalzo, ni calzado, sino de manera ritual" (el 12 de diciembre de 1728, el Ipswich Journal informó de un "accidente" de recepción donde El destinatario huyó a la calle ante el intento de vestirlo con este traje simbólico [73].

En El *masón desenmascarado o el verdadero secreto de los masones* de 1786, encontramos una explicación: "descubramos su pecho izquierdo para representar la inocencia de su corazón y la pureza de sus intenciones. Su pie izquierdo está metido en una zapatilla en alusión a lo que Dios le dijo a Moisés en la zarza ardiente: quítate el calzado de los pies, porque la tierra sobre la que caminas es tierra santa (Ex; 3,5).
Su rodilla derecha está descubierta, en recuerdo del "Calus" que tenía de rodillas San Juan, Patrón de la Orden".

En el *catecismo de aprendiz de la Preciosa Colección de Masonería Adonhiramita* (1785) encontramos otra explicación: P. ¿Por qué el Experto no te hizo ni desnudo ni vestido? R. Para demostrarme que el lujo es un vicio que sólo se impone al vulgo; y que el hombre que quiera ser virtuoso debe ponerlo por encima de los prejuicios [74].

---

[72] pag. 177: <tinyurl.com/harry-Carr-catechismes>.
[73] Michel König, 1717-1747: Los 30 años gloriosos de la Grand Loge des Modernes vistos por la prensa de la época, Numérilivre.
[74] < tinyurl.com/usage-ni-nu-ni-vetu >.

Podemos pensar que a falta de antecedentes penales en el siglo XVIII , el hombro desnudo habría permitido comprobar que el futuro iniciado no estaba marcado con la flor de lis , símbolo de condena real (no verificado).

Lo más probable es que la garganta expuesta permitiera comprobar sin duda que no era una mujer la que se presentaba a la iniciación: "Y el pecho izquierdo descubierto os dice que como no admitimos a ninguna mujer en nuestras logias, tememos ser engañados. por el disfraz que podrían utilizar para penetrar nuestros misterios [75].

Se han observado abusos de esta práctica en logias mixtas [76].

Para Oscar Wirth: "La región del corazón queda expuesta en alusión a la absoluta sinceridad del receptor; la desnudez de la rodilla significa que, al doblarla, entra directamente en contacto con el suelo sagrado, que pisa de costado, con el pie descalzo. La tradición informa que la rodilla es la sede de la fuerza del cuerpo, permitiendo estar de pie y moverse en perfecta verticalidad, prerrogativa del hombre que le permite unir la tierra y el cielo. Si, además, notamos que el pie, la rodilla y el corazón están colocados en proporción áurea, aparece el vínculo primordial con el asiento de la conciencia.

---

[75]La orden de los masones traicionados y el secreto de los mopses... , 1758 , p. 53: <tinyurl.com/mamelle-decouverte>.
y página 45 de los Estatutos y reglamentos especiales para la policía de la Logia... del Conde de Clairmont, 1768.
[76]El albañil: <tinyurl.com/abus-en-mixite>.

Durante su elevación del Rito de Misraim, el compañero **debe estar descalzo, con los brazos y el pecho desnudos, debe tener un pequeño cuadrado colgando de su brazo derecho, una cuerda en su cinturón dando tres vueltas.**

En los rituales de los Altos Grados de Memphis Misraim, el adepto irá vestido con mantos de diferentes colores; el del azur es a la vez una barrera protectora contra los ataques del exterior y la cáscara de un huevo psíquico donde el iniciado se encierra en sí mismo, recibe ondas cósmicas y hace germinar en él la cosecha espiritual. La tradición del manto es helénica y pitagórica, es la prenda clásica del filósofo.

Medio desnudo, medio vestido sería una buena expresión porque si el solicitante debe abandonar al anciano, sigue siendo él mismo, no como un niño, sino como una conciencia organizada por su vida profana, lo que lo convierte en una persona única y lo constituye como otro. Semidesnudo para poder revestirse de un nuevo mito, semidesnudo para ser una piedra sólida que ayudara a construir el templo. Medio desnudo, medio vestido elimina la incertidumbre de no estar desnudo ni vestido.

En el sentido de semidesnudo, semidesnudo, podemos ver, al salir de la sala de reflexión, que las ropas profanas del aspirante han sido rasgadas como en la germinación de una semilla, la germinación de un nuevo ser cuyas ropas son asimiladas. a su "piel" que se volverá clara; en hebreo las palabras piel, âur (עור) y luz, aur (אור) son similares…

Este despojo del receptor está de acuerdo con muchas tradiciones iniciáticas que comienzan con una renuncia, un despojo, luego decimos abandonar al viejo hombre.

Una vez "pelado", el destinatario se convierte en peregrino.

Información sobre los usos masónicos

12 AGRADECER NO SIEMPRE ES DECIR GRACIAS

Cuando un hermano (o hermana) agradece en el recuadro, a menudo se hace eco de esta frase: "¡No te agradecemos en el Lodge !" .

Sorprendente en una sociedad donde la cortesía[77] se considera una virtud [78]. El filósofo André Comte-Sponville incluso la convierte en la madre de las virtudes [79].

Sin embargo, los términos *gracias/gracias* aparecen claramente en los rituales masónicos del siglo [XVIII]:
- Publicada en 1785, la *Preciosa Colección de la Masonería Adonhiramita* especifica: aquellos cuya salud uno soporta nunca deben beber con otros, sino después, **como acto**

---

[77]Actitud educada reconociendo la generosidad de los demás a través de un agradecimiento.

[78] Dante afirma que a esta edad [de compañía] la tarea fundamental que se debe cumplir consiste en buscar la propia perfección, y al respecto considera necesario desarrollar cinco virtudes: templanza, fortaleza, fraternidad, cortesía y lealtad.

[79]Desde el 19'38: <tinyurl.com/Comte-Sponville-spiritualites >.

de agradecimiento . Vemos que los aprendices piden la palabra para expresar su reconocimiento al testimonio de estima y amistad que han recibido; lo marcan llevando a su vez salud [80].

- *El Manual del masón de Bazot* (1817) menciona dar gracias en la logia [81].

Entonces, ¿de dónde puede venir esta afirmación de "no agradecemos en la Logia", que resulta cuanto menos sorprendente?

Se proponen varias hipótesis:

1) "En muchos estados, cuando un Compañero profesional había terminado su gira por Francia y quería establecerse en cualquier lugar, **agradecía a su Sociedad** , es decir, se retiraba con un certificado, entregado en una gran reunión. , por sus compañeros, un certificado que acredite la moralidad y la buena conducta de quien lo obtiene: este certificado es una **especie de licencia** . La persona que ha dado gracias ya no pertenece a la Sociedad activa, ya no le debe nada, es independiente. Sin embargo, sigue apegado de corazón a esta Sociedad y la ama como un buen soldado ama a su regimiento y a sus antiguos compañeros de armas, con quienes sufrió y luchó durante mucho tiempo; incluso lo ama más, porque su apego fue siempre libre y sólo duró lo que él quiso: también esta Sociedad pudo contar

---

[80] Louis Guillemain Saint-Victor, *Recueil precioso de la mampostería adonhiramite,* 1785, p.34: <tinyurl.com/Recueil-precieux-FM>.

[81] a la 3ra y 5° banquete de salud de la orden, p. 192: <tinyurl.com/Manuel-du-franc-macon>.

todavía en una gran ocasión con su asistencia pecuniaria y con su persona.[82]

"Nunca agradecemos en una Logia", *podría* ***entonces significar que haber sido iniciado crea un vínculo afectivo y solidario*** entre hermanos y hermanas ***que no cambia, incluso al abandonar la Masonería.*** ¡La realidad desafía esta hipótesis!

2) Sin embargo, hay empresas donde nunca agradecimos a las personas en este sentido su licencia; ¡el de los Compañeros canteros extranjeros es de este número! Fue Perdiguier quien nos informó de este detalle.

De ahí una segunda explicación: " **Los** *compañeros canteros , de quienes somos herederos, no tenían la costumbre de agradecer. Debemos cumplir con este uso".*

Este mismo cambio semántico en esta explicación no es más satisfactorio porque no es apropiado: "no se agradece a las personas en la caja" es una observación hecha precisamente a aquellos que están en la caja.

3) " **En una visión progresista y socializadora** , la lucha contra los poderosos y **por la emancipación social** llevó a la idea de que actos tan simples como la petición de disculpas o agradecimiento eran la marca infalible del homenaje que los débiles —o los "oprimidos" — lo hacíamos por obligación hacia las elites dominantes — ¡los "opresores"! El masón, al frente de la lucha social,

---

[82]Agricol Pertiguier, *El libro del compañerismo,* T1, 1857, p.69-70: <tinyurl.com/le-lvre-du-compagnonnage>.

tuvo que **renunciar a estas manifestaciones de servilismo** . En este nuevo ambiente intelectual, el principio de la igualdad fundamental de todos los Hermanos fue imponiendo gradualmente la idea de que no se debían ni excusas ni agradecimientos… [83]" En portugués, merci se dice " *obligo* " y refleja bien esta visión de la relación inducida por un agradecimiento. Llevado al extremo, podría entenderse como "ponerse a merced" del otro.

Sin embargo, el agradecimiento es también un testimonio de reconocimiento. ¿Deberían los masones ser desagradecidos por rastros de las prácticas de los masones operativos o por un indicio de lucha de clases?

¿Cómo podemos contentarnos con estas explicaciones si decir gracias es también una "obligación" de decoro entre iguales [84](demostrar que nos sentimos obligados a haber recibido, **siendo el agradecer una manera de dar recíprocamente**), una cortesía, una de las "las cosas tiernas de la vida". ¿Sería entonces inapropiado expresar una palabra de agradecimiento por lo que hemos recibido como parte, por ejemplo el trabajo de una junta directiva, mediante un agradecimiento?

---

[83]Roger Dachez, En la masonería no *agradecemos y tampoco nos disculpamos:* <tinyurl.com/on-ne-s-excuse-pas>.
[84]Agricol Pertiguier, *El libro compañero* , T1, 1857, p. 237: Languedoc - **Tienes muchas bondades** para mí, País Provenzal, y por todo esto **sólo puedo ayudarte gracias** : <tinyurl.com/dialogue-compagnons>.

A priori, en el mundo secular, esto sería lo de menos. Pero aquí está: escuchar una tabla ocurre durante un atuendo con una característica muy ritualista.

particular . El orador se dirige a todos los presentes, no en particular a aquel a quien le gustaría agradecer. *Se da la palabra a todos.* Entonces, ¿agradecer no significaría apropiarse de la totalidad indivisible de lo que se ofrece y mostrar egoísmo?

¿Cómo no privar al hermano (o hermana) que ha trabajado duro del placer/salario que experimentaría al recibir esta "dulzura de la vida"? El **Venerable solo** ¿No pudo hacerlo, **agradeciendo en nombre de todos? hermanos y hermanas presentes** ? Sería conveniente que hiciera esto para cada junta, cualquiera que fuera su calidad, **para suspender cualquier juicio** . Es decir, **sería adecuado que fuera una frase del ritual** y no expresiones de cariño o agradecimiento que siempre se pueden hacer después en una habitación húmeda.
Y es también en nombre de todos los hermanos y hermanas que el Venerable **agradece a los visitantes** que vienen a ayudar en las obras del lugar.

Manos *orando* es un dibujo de Alberto Durero para agradecer a su hermano Albert por haberle financiado sus estudios mientras éste agonizaba en la mina [85].

Te dejaré escuchar a Sinéad O'Connor
dentro *Gracias por escucharme* . [86]

---

[85] Ejecutado alrededor de 1508, Museo Albertina, Viena
[86] Sinéad O'Connor, *gracias por escucharme:* <tinyurl.com/merci-de-m-avoir-ecoutee>.

SOBRE EL AUTOR

Editor Jacques-André
TU, Cartas de Pasión, 2001 (Premio Laure de Noves)

EDICIONES de La Hutte
Para iluminar el camino, Una aproximación filosófica a la masonería , 2011
Vocabulario del Aprendiz Masón , 2ª edición , 2012
Vocabulario del compañero masón , 2012
Vocabulario maestro masón , 2013
Dibujar elementos con regla y compás, La Concordancia Masónica , 2015
¿Qué significa cortar tu piedra ?, 2015

EDICIONES ledifice.net
Recogiendo lo que está disperso , 2020
Vocabulario del Aprendiz Masón , 3ª edición , 2020
Vocabulario del Compañero Masón , 2.ª edición , 2021

EDICIONES Ubik
una vez, Hiram , 2021
Gestos masónicos , 2021

EDICIONES numérilivre _
Huellas masónicas, el espíritu de la geometría , 2022

EDICIONES dervy
Diccionario Vagabundo de Pensamiento Masónico , 2017 (**premio literario del Instituto Masónico de Francia** , categoría Ensayos y Simbolismo)
Masón. Cómo pasar de lo profano a lo sagrado , 2023